Trauregister

aus den Kirchenbüchern Südniedersachsens

Oberharzer Bergstädte

Herausgegeben

von der

Genealogisch-Heraldischen Gesellschaft Göttingen e. V.

Teil 1
grüne Reihe

St. Andreasberg 1690 - 1750

Göttingen
2025

Herausgegeben
von der
Genealogisch-Heraldischen Gesellschaft Göttingen e.V.
Göttingen
2025

Bearbeitung dieses Bandes:

Hans-Heinrich Hillegeist
Karl Heinz Bielefeld
Martin Meyer
Christiane Rochlitz
Hans-Werner Diederich
Marion Höckelmann
Kerstin Rümenap-Knappe

Bibliografische Informationen der Deutschen Nationalbibliothek:

Die Deutsche Nationalbibliothek verzeichnet diese Publikation in der Deutschen Nationalbibliografie; detaillierte bibliografische Daten sind im Internet über http://dnb.dnb.de abrufbar.

Verlag:
BoD · Books on Demand GmbH, Überseering 33,
22297 Hamburg, bod@bod.de
Druck:
Libri Plureos GmbH, Friedensallee 273, 22763 Hamburg
ISBN: 978-3-8370-0643-8

Inhaltsverzeichnis

St. Andreasberg

Abb. Wappen von Otto Hupp um 1925

Das Wappen der Bergstadt St. Andreasberg um 1925

(Das heute geführte Wappen hat leichte Abänderungen)

Das Wappen von Otto Hupp um 1925 viergeteilt:
1. geschacht von Rot und Silber.
2. In Silber der wachsende blau gewandete Apostel Andreas mit goldenem Heiligenschein, der ein goldenes Schrägkreuz vor sich hält.
3. In Silber gekreuzte blaue Schlägel und Eisen.
4. In Rot über drei goldenen Leisten ein schreitender, herschauender, bewehrter goldener Löwe (Leopard).

Erklärung zu den Wappeninhalten:

Die Bergstadt St. Andreasberg verdankt ihre Entstehung einem Patent zur Bergfreiheit durch die beiden Brüder Graf Heinrich und Ernst von Honstein für die ehemalige Grafschaft Lutterberg / Lauterberg, das am Sonntag nach viti im Jahre 1521, am 16. Juni, ausgestellt wurde. Bergleute, vor allem aus dem Erzgebirge siedelten sich in diesem Ort und später auch an anderen Orten an und brachten damit auch ihre Sprache/ihren Dialekt mit, so dass durch sie im Oberharz eine „Ewerharzer Sprachinsel" entstand.

Im 1. Feld zeigt das Wappen das silber-rot geschachte Wappen der Grafen von Honstein-Lohra in der historisch richtigen Viererreihung zu drei Stellen auf. Sie waren die neuen Besitzer der Grafschaft Lutterberg, nachdem der letzte Graf von Lutterberg um 1400 verstorben war. Bis 1593, als auch dieses Geschlecht in der männlichen Linie ausstarb, regierten die Honsteiner dieses Gebiet mit der neu entstandenen Bergstadt.

Das 2. Feld zeigt redend den Apostel St. Andreas. 1938 wurde der Antrag vom Rat beschlossen, den Apostel durch eine symbolische „Harzer Tanne" zu ersetzen, weil er nicht mehr dem „weltanschaulichen Empfinden der hiesigen Einwohnerschaft" entsprach, 1939 wurde diese Veränderung von höchster Stelle gebilligt. Bereits am 11. Mai 1945 wurde der Apostel wieder eingesetzt und 1948 vom Innenministerium in Hannover genehmigt.

Das 3. Feld zeigt mit Schlägel und Eisen, dass in St. Andreasberg bis 1911 durch den Bergbau der größte Teil der Bewohner beschäftigt wurde.

Feld 4 zeigt das Wappen der Grafschaft Lutterberg. Der Löwe steht für die Welfen, die das Lehen des Gebietes nach dem Aussterben der Grafen von Honstein 1593 wieder übernommen haben.

Hans-H. Hillegeist

Vorwort

Am 8. Oktober 1796 entstand durch Blitzeinschlag ein Großbrand in der Bergstadt
St. Andreasberg, bei dem insgesamt 249 von 431 Gebäuden, das Amtshaus, die Kirche und
die Schulen vernichtet wurden. Das ältere Kirchenbuch mit den darin vermerkten
Copulationen ist vermutlich dabei auch mit verbrannt, so dass erst jenes von 1690 erhalten
blieb.

Vor etwa zehn Jahren wurde bei der Genealogisch-Heraldischen Gesellschaft der Plan
entworfen, die Traueintragungen der Kirchenbücher der sieben Oberharzer Bergstädte
St. Andreasberg, Altenau, Clausthal, Zellerfeld, Lautenthal, Grund und Wildemann zu
transkribieren und diese in der Reihe der Trauregister Südniedersachsens
mitzuveröffentlichen.
Für die familiengeschichtliche Auswertung sind die Originalkirchenbücher heranzuziehen.

Mit großen zeitlichen Unterbrechungen hat Hans-Heinrich Hillegeist aus Göttingen
(Studiendirektor i.R.) die Eintragungen der Eheschließungen im Kirchenbuch von
St. Andreasberg ab 1690 bis 1750 transkribiert. Hierbei erhielt er Unterstützung beim Lesen
schwieriger Personennamen durch den Kirchenbuchführer Martin Meyer aus
St. Andreasberg und den Genealogen Karl Heinz Bielefeld aus Göttingen.
Für die Drucklegung dieses 1. Bandes der vorgesehenen Trauregister-Reihe Oberharzer
Bergstädte haben Hans-Werner Diederich und von der Genealogisch-Heraldischen
Gesellschaft Göttingen e.V. noch Marion Höckelmann, Christiane Rochlitz und Kerstin
Rümenap-Knappe stundenlange Arbeit eingesetzt, wofür Herr Hillegeist den Beteiligten
einen herzlichen Dank ausspricht.

Abkürzungen

*	– geboren, gebürtig aus
+	– verstorben, bereits verstorben
P.	– Proklamation (Aufgebot)
V:	– Vater
M:	– Mutter
Ww.	– Witwer
Wwe.	– Witwe
cop.	– Brautpaar copuliert in …
Ws.	– künftiger Wohnsitz, Wohnsitz
?	– fragliche Lesung

Oft vorkommende Vornamen sind hin und wieder abgekürzt z.B.

Cath.	– Catharina, Catharine
Chrian.	– Christian
Chrph.	– Christoph
Doroth.	– Dorothea, Dorothee
Joh.	– Johannes, Johann, Johanna
usw.	

Ortsnamen sind in der Regel nach heutiger Schreibweise wiedergegeben.

1690

02.03.	**Vogd**, Hans Jürg (Bergmann)	**Berckefeldt**, Dorothee Elisabeth V: Berckefelt, Caspar
21.04.	**Schrader**, Simon Werner (Nagelschmied) geb. in Fallersleben	**Grüntig**, Anne Magdalene V: Grüntig, Andreas + (Bergmann aus Zellerfeld)
04.05.	**Flechsing**, Thomas Bernhard V: Flechsing, Christoph +	**Fuchs**, Anna Maria V: Fuchs, Hans
09.06.	**Seydel**, Greger (Bergmann)	**Kutscher**, Anne Marie V: Kutscher, Christoph +
31.08.	**Rosen**, Henrich (Ww., Pucher)	**Dohse**, Margarethe Wwe. des Hartmann, Andreas (aus Lauterberg)
07.09.	**Nonnen**, Andreas (Bergmann)	**Dantz**, Elisabeth V: Dantz, Matthias +
29.09.	**Herbst**, Hans Jürg (Tischler aus Lauterberg)	**Gödecke**, Anne Elisabeth V: Gödecke, Henrich +
05.10.	**Kessel**, Thomas (Handelsmann)	**Baum**, Dorothee V: Baum, Hans + (Handelsmann)
23.10.	**Grütlein**, Hans (Schuster, aus Kulmbach) V: Grütlein, Hans (Einwohner in Kulmbach)	**Wolweg**, Dorothea Catharina V: Wolweg, Henrich + (Schafmeister in Osterode)
26.10.	**Zander**, Hans Henrich (Schindelmacher)	**Jöcke**, Anne Marie V: Jöcke, Jürg + (Köhler)
02.11.	**Günter**, Thomas (Bergmann) V: Günter, Caspar + (Eisensteiner)	**Deichmann**, Marie V: Deichmann, Hans
02.11.	**Fischer**, Hans Jürgen (Eisensteiner) V: Fischer, Wolfgang + (Zimmermann)	**Arend**, Anne Magdalene V: Arend, Hans (Büttnermeister)
23.11.	**Fischer**, Michel (Ww., Meister)	**Eitzen**, Catharine V: Eitzen, Valentin + (Förster)

| 23.11. | **Morck**, Andreas (Ww., Nagelschmied) | **Warlich**, Marie Magdalene
V: Warlich, Martin +
(Sägemüller) |

1691

26.01.	**Hedeler**, Caspar (Ww., Fleischer)	**Fläke**, Magdalene V: Fläcke, Stephan +
22.02.	**Lechten**, Jürgen (Nagelschmied)	**Holtzberger**, Anne Catharine V: Holtzberger, Jacob
26.04.	**von Nüssen**, Matthias (Handelsmann)	**Tost/Tosten**, Magdal. Elisabeth V: Tosten, Valtin +
01.06.	**Köhler**, Andreas (Hammerschmied von der Oder(hütte))	**Selig**, Anna Elisabeth V: Selig, Henrich (Hammerschmied auf der Oder)
05.07.	**Sieg**, Johann Anthon (Tuchmacher) (geb. in Afferde bei Hameln)	**Hauck**, Anne Marie V: Hauck, Elias + (Schuster)
19.07.	**Jungnickel**, Hans Christoph (Bäcker) V: Jungnickel, Hans + (Bäckermeister)	**Polstorffer**, Lusie Magdalene V: Polsterffer, Simon
16.08.	**Kutscher**, Henrich Valtin	**Hopp**, Magdalene Elisabeth V: Hopp, Stephan +
30.08.	**Otten**, Christian (Müller in der Obermühle)	**Troste**, Anne Catharine V: Tröste, Jürg + (Fuhrmann in Ellrich)
13.09.	**Haberland**, Caspar Christian	**Kruschwitz**, Anna Catharina V: Kruschwitz, Caspar (Meister)
20.09.	**Rosenberger**, Caspar (Fleischer)	**Schmidt**, Anna Elisabeth V: Schmidt, Michel + (Richter)
27.09.	**Gärtner**, Jürgen (Untersteiger)	**Dannenberger**, Anne Marie V: Dannenberger, Caspar (Berggeschworener)
27.09.	**Wellner**, Henrich (Fuhrmann)	**Lehmann**, Margarethe Elisabeth V: Lehmann, Nicolay (Hufschmiedmeister)

18.10.	**Haberland**, Henrich (Ww.)	**Zesche**, Anne Wwe. des Völcker, Zacharias (Bergmann in Clausthal)
18.10.	**May**, Nicolaus (Maurer)	**Königes**, Anna V: Königes, Hans (Nagelschmiedemeister)
18.10.	**Köhler**, Julius (Nagelschmied) (geb. in Lauterberg)	**Brand**, Anna Margaretha V: Brand, Jürgen + (Hufschmied)
25.10.	**Triners**, Johann Bernhard (Schneider, geb. in Einbeck)	**Francke**, Dorothea V: Francke, Jürg (Schindelmacher)
01.11.	**Reucker**, Henrich (Nagelschmied)	**Heise**, Anna Catharina V: Heise, Peter + (Bergmann)
01.11.	**Göbel**, Johann Nicolaus (Nagelschmied, geb. in Lauterberg)	**Gercke**, Maria Elisabeth V: Gercke, Barthold + (Leineweber)
08.11.	**Walter**, Michael (Nagelschmied)	**Otte**, Marie Elisabeth V: Otte, Caspar +
15.11.	**Friderich**, Conrad (Ww., aus Lauterberg)	**Deichmann**, Elisabeth V: Deichmann, Hans +
15.11.	**Holtzberger**, Hans Andreas (Köhler)	**Grote**, Catharine Margarethe V: Grote, Henrich
22.11.	**Fricke**, Christoph (Fuhrknecht)	**Pflümer**, Maria Christina V: Pflümeer, Henrich (aus Lauterberg)
29.11.	**Gercke**, Zacharias (Bergmann)	**Höhne**, Barbara Elisabeth V: Höhne, Henrich (Köhler auf der Sieber)
26.12.	**Henckel**, Nocolaus (Bergmann)	**Hertzer**, Margarethe Elisabeth
27,12,	**Billig**, Hans Ernst (Köhler)	**Tepper**, Anna Christina (von Hattorf)

1692

06.01.	**Ruthe**, Daniel (Ww.) (Nagelschmied)	**Hartmann**, Margarethe
24.01.	**Brune**, Andreas (Hufschmied, von Wedde, b. Magdeburg)	**Deichmann**, Dorothea Magdal. V: Deichmann, Michael
07.02.	**Keydel**, Johann Peter (aus dem Brandenburgischen) V: Keydel, Burchard + (Eisenfaktor in Peitz)	**Lafler**, Catharine Wwe. des Bergmann, Peter
28.03.	**Preiß**, Martin (Bergmann)	**Haberland**, Magdalena Maria V: Haberland, Heinrich
03.04.	**Garbes**, Laurentius Bernhard (Feldscher) V: Gardes, Johann + (Pastor in Gehrden)	**Bolte**, Dorothea V: Bolte, Johann Friedrich + (Bergschreiber)
08.05.	**Hartwig**, Hans Jürg (Zimmermann) V: Hartwig, Caspar (Zimmermeister)	**Abemdroth**, Maria V: Abendroth, Jürgen, Meister
09.05.	**Keydel**, Caspar (Ww.)	**Levin**, Anna Barbara Wwe. des Gödecke, Johann (Licenteinnehmer in Lauterberg)
16.05.	**Klingsöhr**, Caspar Christoph (Zimmermann) V: Klingsöhr, Hans	**Köhler**, Catharina Margarethe V: Köhler, Hans (Mollenhauer)
16.05.	**Bergmann**, Hans Just (Bergmann) V: Bergmann, Hans (Kannenmacher)	**von Nüsse**, Anna Margaretha V: von Nüsse, Hans + (Maschenbläser)
16.05.	**Wedemann**, Caspar (Bergmann) V: Wedemann, Thomas + (Maschenbläser)	**Wenneborn**, Anna Elisabeth V: Wenneborn, Christian (Stollensteiger)
05.06.	**Wedemann jun.**, Hans Valtin (Bergmann) V: -Wedemann, Hans Jörg + (Berggesell)	**Schorler**, Magdalena Wwe. des Halbrot, Simon, Gärber
08.06.	**Gangelof**, Hans Wilhelm (Bergmann, aus Stolberg)	**Kutscher**, Catharine Marie Kutscher, Hans + (Steiger)
10.06.	**Schorler**, Andreas (Bergmann)	**Gattermann**, Dorothea Margar. V: Gattermann, Thomas (Schneidermeister)

30.07.	**Eisentraut**, Andreas (Bergmann)	**Bock**, Elisabeth
04.09.	**Keydel**, Christian (Bergmann von Clausthal)	**Gruschwitz**, Maria Catharina V: Gruschwitz, Caspar (Schustermeister)
11.09.	**Günther**, Caspar (Bäcker)	**Wolwege**, Elisabeth Emerentia V: Wolwege, Henrich + (Schafmeister in Osterode)
18.09.	**Schwanheuser**, Georg (Bergmann)	**Otte**, Lucia Elisabeth V: Otte, Christoph
02.10.	**Dannenberger**, Hans Ernst (Bergmann)	**Blechschmidt**, Anna Barbara V: Blechschmidt, Hans +
02.10.	**Wedeler**, Elisas (Bergmann)	**Fuchs**, Anna Magdalena V: Fuchs, Hans +
16.10.	**Köhler**, Hans (Ww.) (Mollenhauermeister)	**Krug**, Anna Wwe. des Berger, Matthias (Fuhrmann in Hohgeiß)
30.10.	**Rieser**, Hans Jürgen (Bergmann) V: Rieser, Hans Heinrich	**Ernst**, Anna Catharina V: Ernst, Jürgen
06.11.	**Schlösser**, Thomas (Eisensteiner) V: Schlösser, Michel	**Köhler**, Anna Magedalena V: Köhler, Hans
06.11.	**Fischer**, Valentin (Eisensteiner) V: Fischer, Wolfgang	**von Nüssen**, Catharina Elisabeth V: von Nüssen, Hans + (Handelsmann)
13.11.	**Tost**, Hans Valentin (Bergmann) V: Tost, Valentin + (Zimmermeister)	**Schlösser**, Anna Magdalena V: Schlösser, Hans (Bäcker)
13.11.	**Bock**, Hans Caspar (Bergschmied)	**Lehmann**, Benedictus Catharina V: Lehmann, Nicolai (Hufschmied)
16.11.	**Mähner**, Paul Gabriel (Bergmann, von Brand b. Freiberg)	**Schirpflug**, Rosina (geb. von Erbisdorf bei Freiberg)
20.11.	**Seiffert**, Hans Caspar (Köhler) V: Seiffert, Lorenz	**Lechten**, Catharina Margarethe V: Lechten, Anthon (Nagelschmied)
20.11.	**Störmer**, Hans Georg (Bergmann) V: Störmer, Hans Jürgen + (Zimmermeister)	**Kühfitt**, Maria Hedewig Kühfitt, Martin (Schustermeister)

27..11.	**Hopp**, Christoph (Ww.) (Bergmann)	**Deichmann**, Ilsa Catharina V: Deichmann, Henrich (Förmer)
26.12.	**Örtel**, Christian (Ww., Bergmann, geb. in Schneeberg)	**Holtzberger**, Anna Barbara V: Holtzberger, Andreas (Köhlermeister)

1693

29.01.	**Duderstadt**, Johann Valentin (Schuhmacher) aus Nordhausen	**Baum**, Anna Barbara Wwe. des Gothen, Joh. Christoph (Schnurmacher aus Nordhausen)
05.02.	**Schläger**, Diederich (Schneider, aus Bodenwerder)	**Klapproth**, Anna Maria V: Klapproth, Andreas (Fuhrmann)
26.02.	**Schorler**, Georg Christoph (Bergmann)	**Fleischer**, Anna Catharina V: Fleischer, Tobias +
26.02.	**Spengeler**, Zacharias (Bergmann)	**Hertzer**, Anna Margaretha V: Hertzer, Viet
17.04.	**Steinmüller**, Hans (Bergmann, geb. in Tettenborn)	**Fueß**, Margaretha V: Fueß, Andreas (Bergmann)
05.06.	**Schlösser**, Peter (Eisensteiner)	**Riemann**, Anna Dorothea V: Riemann, Andreas (Braumeister)
05.06.	**Zesch**, Johann Martin (Ww., Bergmann, geb. in Clausthal)	**Preiß**, Anna Maria V: Preiß, Friedrich +
25.06.	**Kruschwitz**, Michel (Bergmann)	**Rosenberger**, Dorothea Margar. V. Rosenberger, Caspar
25.06.	**Reger**, Hans Jürgen (Fleischer, geb. in Lauterberg)	**Deichmann**, Anna Margaretha V: Deichmann, Hans +
09. 07.	**Bergmann**, Georg Caspar (Ww., Bergmann)	**Reucker**, Anna Margaretha V: Reucker, Christian + (Fuhrmann auf Oderhütte)
15.10.	**Haberland**, Henrich (Fuhrmann)	**Polstorffer**, Maria Elisabeth V: Polstoffer, Simon (Reisemann)

29.10.	**Polstorffer**, Elias	**Eiffert**, Anna Magdalena V: Eiffert, Andreas
03.12.	**Müller**, Hans Michael (Tischler)	**Keydel**, Clara Catharina V: Keydel, Caspar
24.12.	**Reucker**, Andreas (Bergmann) V: Reucke, Christian + (Fuhrmann auf der Oderhütte)	**Gercke**, Anna Dorothea V: Gercke, Hans (Bergmann)

1694

11.02.	**Ottmann**, Johann Henrich (Bergmann) von Marienberg V: Ottmann, Christoph	**Bolte**, Anna Catharina V: Bolte, Johann Friedrich +
21.02.	**Gödecke**, Just Bernhard V: Gödecke, Heinrich +	**Holtzborn**, Maria Elisabeth V: Hotzborn, Christoph + (Ratsverwandter)
04.03.	**Morgenstern**, Hans Balthasar (Bergmann, von Freiberg)	**Winter**, Anne Maria
24.04.	**Heyder**, Friedrich Julius (von Elligerode bei Uslar)	**Baum**, Anna Margaretha Wwe. des Laurentius Hochstäke
28.05.	**Morich**, Hans Jürg (Nagelschmied, aus Lauterberg)	**Holtzberger**, Susanna Margar. V: Holtzberger, Hans Henrich
24.06.	**Gärtner**, Georg (Ww., Steiger)	**Michaelis**, Margarethe Wwe. des Hans Wedeler
19.08.	**Löfler**, Georg (Schuster)	**Schreiber**, Maria Catharina V: Schreiber, Andreas (Bürgermeister in Ellrich)
28.08.	**Deichmüller**, Johann Heinrich (Cantor Stift Halterstadt)	**Siewert**, Anna Elisabeth Siewert, Caspar (Schustermeister in Clausthal)
16.09.	**Riebeck**, Jacob (Ww., Bergmann)	**Steck**, Anna Maria Steck, Hans (Bortenhändler)
16.10.	**Hoppmann**, Zacharias (Müller In der unteren Mühle)	**Fischer**, Catharina Dorothea V: Fischer, Andreas + Ackermann in Hattorf

| 28.10. | **Arend**, Hans Henrich (Ww., Köhler auf der Oderhütte) | **Wolterbeck**, Anna Catharina (geb.Braunlage) |

28.10.   **Arend**, Hans Henrich (Ww.,   **Wolterbeck**, Anna Catharina
Köhler auf der Oderhütte)   (geb.Braunlage)

11.11.   **Lechte**, Burchard (Nagelschmied,   **König**, Catharina
aus Herzberg)   V: König, Hans
(Nagelschmiedemeisster)

11.11.   **Abendroth**, Hans (Zimmermann)   **Eiffert**, Anna Elisabeth
V: Eiffert, Andreas

18.11.   **Fischer**, Hans Jürg (Zimmermann)   **Pflümer**, Catharina Elisabeth
V: Pflümer, Henrich (aus
Lauterberg)

18.11.   **Hentze**, Christian (Nagelschmied)   **Hauck**, Margaretha
V: Hauck, Peter +

26.12.   **Hartzig**, Anthon (Bergmann)   **Hedeler**, Margaretha Catharina
V: Hedeler, Greger
(Fleischer)

1695

06.01.   **Henckel**, Hans Jürg (Bergmann)   **Kutscher**, Anna Margarethe
V: Henckel, Henrich   V: Kutscher, Andreas
(Meister)

08.01.   **Deichmann**, Just (Hüttenarbeiter)   **Theuerkauf**, Eleonora Sophia
V: Theuerkauf, Bernhard,
(Forstbedienter in Ellingerode)

07.05.   **Mahn**, Georg Heinrich (Bürger von Clausthal)   **Prössel**, Clara Catharina
V: Prössel, Michael, +
(Stadtschreiber)

13.05.   **Baumgarten**, Christian (Bergmann,   **Bergmann**, Maria
aus Ehrenfriedersdorf/Sachsen)   Wwe. des Cord, Elias
(Bergmann in Clausthal)

14.05.   **Humb**, Elias (Bergmann)   **Ellisen**, Engel Margaretha
V: Ellisen, M. +

14.07.   **Tost**, Jacob (Bergmann)   **Otte**, Ilsa Margaretha
V: Tost, Valtin +   V: Otte, Christoph

14.07.   **Störmer**, Hans Caspar (Zimmerknecht)   **Everhagen**, Angelica
Wwe. des Wedemeyer, Henrich
(Fuhrknecht in Zellerfeld)

08.09.   **Hartmann**, Hans Henrich (Ww., Bergmann)   **Schwanhausen**, Margaretha
Wwe. des Schwanhausen, Caspar

08.09.	**Berend**, Hans Jürgen (Bergmann, geb. Johann-Georgenstadt/Sachsen)	**Marx**, Anna Catharina Wwe. des Marx, Valentin
29.09.	**Ulrich**, Greger (Bergmann, geb. Zilgenthal b. Schmalkalden)	**Nolte**, Anna V: Nolte, Hennig. (Spitalmeister)
06.10.	**Siegel**, Henrich (von Geyer/Sachsen)	**Selle**, Anna Maria V: Selle. Christoph (Meister)
27.10.	**Bischau**, Hans Jürg (Bergmann, geb. Joachimsthal)	**Kieser**, Christina Elisabeth V: Kieser, Michael + (Bergmann)
08.11.	**Hauck**, Hans Thomas (Nagelschmied) V: Hauck, Peter (Nagelschmied)	**Räte**, Dorothea Elisabeth V: Räte, Hieronymus (Nagelschmied von Lauterberg)
10.11.	**Seiffert**, Justus (Bergmann) V: Seiffert, Andreas, + (Köhler)	**Kutscher**, Magdalena Christina V: Kutscher, Hans + (Bergmann)
24.11.	**Schifener**, Gottfried (Bergmann, geb. Margenberg/Sachsen)	**Seyffert**, Anna Catharina V: Seyffert, Andreas +
11.12.	**Fuchs**, Hans Valtin (Bergmann) V: Fuchs, Hans Valtin + (Büttenarbeiter)	**Riemann**, Ilsa Margaretha V: Riemann, Andreas (Braumeister)
11.12.	**Rosenbusch**, Tobias (Bergmann) V: Rosenbusch, Hans (Handelsmann)	**Deichmann**, Maria Magdalena V: Deichmann, Hans, (Maschenbläser auf der Tanne)
26.12.	**Fischer**, Hans Jürgen (Handelsmann)	**Ahrend**, Anna Magdalena Wwe. des Fischer, Hans Jürg
26.12.	**Wedemann**, Elias (Bergmann)	**Spengeler**, Anna Barbara V: Spengeler, Hans Jürg
26.12.	**Müller**, Jacob (Eisensteiner von Ellingerode)	**Seiffert**, Anna Margaretha V: Seiffert, Lorenz
27.12.	**Deichmann**, Michael sen. (Ww.)	**Hoffmann**, Anna Wwe. des Hoffmann, Andreas Hüttenmeister in Zorge

1696

23.02.	**Bergmann**, Michael (Eisensteiner)	**Deichmann**, Anna Margaretha V: Deichmann, Jürg + (Schneider)
23.02.	**Rhese**, Hans Jürg (Fuhrknecht aus Sachsa, vormals bei Hans Jürg Pfeiffer)	**Holtzkampf**, Anna Margaretha V: Holtzkampf, Jürg, + (Kramer in Lauterberg)
23.02.	**Klug**, Hans Jürg (Bergmann, geb. Zellerfeld)	**Heidekampf**, Maria Magdalena V: Heidekampf, Christoph
10.06.	**Friederich**, Just Andreas (Bergmann)	**Francke**, Susanna Maria V: Francke, Jürg +
10.06.	**Keidel**, Elias (Fuhrmann) V: in Zellerfeld	**Otte**, Maria Elisabeth Wwe. d. Walter, Michel
08.06.	**Pfeiffer**, Peter (Bergmann, geb. in Zorge)	**Köhler**, Anna Dorothea V: Köhler, David (aus Lauterberrg)
15.07.	**Müller**, Valentin (Bergmann geb. Elbingerode)	**Sticke**, Anna Catharina V: Sticke, Hans
29.07.	**Triebel**, Martin (Bergmann geb. Lautenthal)	**Kruschwitz**, Annen Catharine, Ww des Casp Christ Haberland
27.09.	**Reiß**, Röttger (Schmied, geb. in Clausthal)	**Ernst**, Dorothea V: Ernst, Jürg (Bergschmiedemeister)
27.09.	**Wedeler**, Christoph (Bergmann)	**Hagemeister**, Catharina V: Hagemeister, Henrich + (Schäfer in Sachsa)
04.10.	**Obenauf**, Thomas Michel	**Bergener**, Anna Catharina
24.10.	**Fischer**, Christian (Bergmann)	**Kagen**, Magdalena Elisabeth V: Kagen, Hans Jürg
24.10.	**Geber**, Henrich Jacob (Bergmann, geb. in Osterode)	**von Nüssen**, Elsa Agneta V: von Nüssen, Matthias +
15.11.	**Abendroth**, Andreas (Büttner) V: Abendroth, Jürg, sen.	**Lehmann**, Anna Elisabeth V: Lehmann, Nicolai
26.12.	**Trenckner**, Johann (Bergmann) von Joh. Georgenstadt	**Winter**, Maria Elisabeth V: Winter, Peter +

26.12.	**Steg**, Peter (Bergmann, geb. in Lautenthal)	**Gleichmann**, Catharina V: Gleichmann, Valentin (von Braunlage)
27.12.	**Franck**, Christian sen. (Ww.)	**Heinemann**, Catharina V: Heinemann, Hans Jürg (aus Nordhausen)

1697

03.01.	**Mühlhane**, Johann (Ww.)	**Bock**, Anna Margaretha V: Bock, Caspar +
15.02.	**Karpe**, Johann Paul (Bergchirurg)	**Meyer**, Anna Elisabeth V: Meyer, Diederich (Kämmerer)
18.04.	**Deichmann**, Thomas Christian	**Haberland**, Dorothea Maria V: Haberland, Hans +
16.05.	**Bertram**, Christoph (Ww., Schneider)	**Obenauf**, Anna Barbara Wwe. d. Obenauf, David (Hüttenarbeiter)
24.06.	**Mähr**, Hans Michel V: Mähr, Henrich	**Schilling**, Anna Margaretha (bürt. aus Bleicherode)
27.06.	**Fischer**, Christoph (Eisensteiner)	**Billig**, Anna Christina V: Billig, Hans +
20.06.	**Holtzborn**, Hans Caspar (Bergmann)	**Münterlein**, Annan Doro. (Wwe. des Deichmann, Andreas)
30.06.	**Köhler**, Hans Georg (Bergmann)	**Bock**, Anna Maria V: Bock, Christoph
22.08.	**Trenckner**, Ernst (Bergmann, geb. in Johann Georgenstadt)	**Hopp**, Anna Margarethe V: Hopp, Valtin
10.10.	**Deichmüller**, Hans Henrich (aus Ellrich) V: Deichmüller, Hans	**Deichmann**, Sophia Elisabeth V: Deichmann, Hans
10.10.	**Köhler**, Johann Andreas (Nagelschmied, aus Lauterberg)	**Kieser**, Anna Margaretha V: Kieser, Michel + (Bergmann)
17.10.	**Rittmeyer**, Johann Henrich (Bergmann, geb. in Stolberg)	**Kutscher**, Anna Catharina V: Kutscher, Zacharias (Schneider)

17.10.	**Zäncker**, Hans Thomas (Bergmann, geb. in Joachimsthal)	**Halbrodt**, Maria Magdalena V: Halbrodt, Simon (Weißgerber)
07.11.	**Meyer**, Georg Andreas (Bergmann, von Lautenthal)	**Hertzer**, Anna Catharina V: Hertzer, Hans Henrich (Büttner)
14.11.	**Kayser**, Christian (Schichtmeister, aus Sachsen)	**Polstorffer**, Juliana V: Polstorffer, Johannes + (Schulrektor)
14.11.	**Henckel**, Hans Michel (Bergmann)	**Halbrot**, Dorothea Catharina V: Halbrot, Henrich
28.11.	**Winter**, Andreas (Fuhrknecht, geb. in Barbis)	**Degenhart**, Anna Maria (geb. Neuenhof bei Mackenrode)
26.12.	**Hoffmann**, Johann Kilian (Bergmann)	**Thiele**, Catharina Elisabeth Wwe. des Hüttenwächters Stieftochter
26.12.	**Görlitz**, Thomas (Bergmann, geb. in Saalfeld/Sachsen)	**Blechschmidt**, Anna Magdalena V: Blechschmidt, Hans +
26.12.	**von Nüssen**, Matthias (Ww., Handelsmann)	**Wegener**, Elisabeth Wwe. des Friedrich, Joh. Henrich (Eisensteiner)
26.12.	**Spilner**, Conrad Friedrich (Viehhirt)	**Butler. Maria Catharina**, V: Butler, Hans, + (Mollenhauer)

1698

16.01.	**Löfler**, Georg (Ww., Schuster)	**Koch**, Engel Sophia Wwe. Baum, Adam, (Bäckermeister in Osterode)
16.01.	**Köhler**, Hans Jürg (Ww., Nagelschmied)	**Zander**, Maria Elisabeth V: Zander, Hans Jürg
13.02.	**Niemeyer**, Matthias Fridrich (Fuhrknecht, geb. in Clausthal)	**Duker**, Catharina Margaretha (aus Lerbach)
27.02.	**Meyer**, Michel Daniel (Bergmann) V: Meyer, Henrich	**Spengeler**, Anna Catharina V: Spengeler, Christoph
06.03.	**Hoffmann**, Henrich (Bergmann) V: Hoffmann, Andreas	**Hartwieg**, Maria Mardalena V: Hartwieg, Caspar

13.03.	**Gercke**, Hans Henrich (Nagelschmied) V: Gercke, Hans	**Bock**, Maria Magdalena V: Bock, Caspar
14.03.	**Edelmann**, Hans Valtin (Bergmann, von Wildemann) V: Edelmann, Andreas (Ratsschreiber)	**von Nüssen**, Ilsa Magdalena V: von Nüssen, Hans (Hochofenmeister auf etlichen Eisenhütten im Harz)
25.04.	**Schedemann**, Hans Michel (Bergschmiedknecht)	**Saurbrey**, Emerentia V: Saurbrey, Jacob (Nagelschmied)
01.05.	**Trebiss**, Johann Henrich (Ww., Sensenmacher aus Riga, eine zeitlang in Lauterberg, wo 1. Frau +)	**Hertzer**, Barbara V: Hertzer Hans Henrich
15.05.	**Kaufmann**, Hans Jürgen	**Kutscher**, Dorothea Magdalena V: Kutscher, Caspar +
15.05.	**Hartmann**, Hans Jürgen (Bergmann)	**Kutscher**, Margaretha Elisabeth V: Kutscher, Hans +
13.06.	**Schwanheuser**, Christian (Bergmann, geb. in Calvör)	**Otte**, Margaretha Catharina V: Otte, Caspar + (Handelsmann)
13.06.	**Fladerich**, Henrich (Bergmann, geb. in Schneeberg)	**Jungnickel**, Anna Maria V: Jungnickel, Georg (Bäckermeister in Osterode)
03.06.	**Ahrend**, Caspar Bernhard (Puchsteiger)	**Dannenberger**, Anna Magdalena V: Dannenberger, Caspar (Bergassessor, Ratsherr)
14.08.	**Bütner**, Hans Henrich (Bergmann)	**Meyer**, Sophia Hedewig V: Meyer, Joh. Christoph (Eisenschläger)
04.09.	**Pfannenschmidt**, Georg Thomas (Bergschmied)	**Hopp**, Dorothea Margaretha V: Hopp, Johannes (Cantor)
02.10.	**Grohne**, Adam (Hausmannsgesell)	**Tolles**, Dorothea Magdalena **V:** Tolles, Burchard (Hausmanns Meister)
16.10.	**Schorler**, Hans Henrich (Bergmann)	**Kargeß**, Anna Margaretha Wwe. Steltzner, Caspar (Oberpuchsteiger)

30.10.	**Hoffmann**, Georg Andreas (Bergmann)	**Fuchs**, Anna Elisabeth Fuchs, Christoph (Bergmann in Clausthal)
30.10.	**Volprecht**, Johann Conrad (Bergmann, geb. in Dorste)	**Zander**, Catharina Elisabeth V: Zander, Martin +
30.10.	**Ballhausen**, Hans Gabriel (Ww., Köhlerknecht, von Wieda)	**Schwanheuser**, Margaretha V: Schwanheuser, Hans +
06.11.	**Habich**, Hans Caspar (Bergmann, geb. in Clausthal)	**Bergmann**, Anna Catharina V: Bergmann, Zacharias + (Bergmann)
06.11.	**Hartmann**, Hans Christian (Bergmann)	**Jökes**, Anna Magdalena V: Jökes, Georg, + (Köhler)

1699

10.01.	**Drönewolff**, Caspar Ludewig (Schichtmeister in Goslar)	**Meyer**, Maria Agnesia V: Meyer, Diederich
29.01.	**Köhler**, Hans Just (Hüttenarbeiter auf der Schmelzhütte)	**Ebeling**, Catharina Elisabeth V: Ebeling, Just, + (Bürger in Lauterberg)
10.04.	**Deichmann**, Henrich Thomas (Bergmann)	**Haberland**, Anna Maria V: Haberland, Henrich
30.04.	**Funck**, Gottfried (Bergmann, von Freiberg)	**Wedeler**, Margaretha Regina V: Wedeler, Hans + (Bergschmied)
30.05.	**Lechten**, Henrich Christoph (Bergmann)	**Volkmann**, Anna Margaretha V: Volkmann, Hans Henrich
24.06.	**Bock**, Johann Valtin (Rademacher) V: Bock, Christian (Rademachermeister)	**Selle**, Dorothea Elisabeth V: Selle, Christoph (Schneider)
28.06.	**Fuchs**, Johann Christoph (Schuster) V: Fuchs, Hans (Ratskämmerer)	**Polstorffer**, Dorothea Magdalena V: Polstorffer, Nicolay (Schulkollege u. Organist)
02.07.	**Bergmann**, Just Andreas (Bergmann, geb. in Clausthal)	**Obenauf**, Anna Dorothea V: Obenauf, David +
16.07.	**Holtzborn**, Henrich (Bergschmied)	**Fischer**, Maria Elisabeth V: Fischer, Michel, sen.

17.08.	**Vieberg**, Gottfried (Bergmann)		**Seyffert**, Anna Margaretha Wwe. Jacob (Müller, auf dem Rathaus kopuliert)
21.08.	**Hempelen**, Johann (Bergmann)		**Hoppmann**, Anna Magdalena "sind in meinem Hause getrauet"
22.10.	**Halbrot**, Hans Christoph (Bäcker) V: Halbrot, Elias		**Rasmann**, Susanna Margaretha V: Rasmann, Elias
29.10.	**Hartung**, Christian (Bergmann)		**Frentzel**, Magdalena
19.11.	**Mündel**, Johann Christian (Nagelschmied) V: Mündel, Hans		**Tolle**, Elsa Clara V: Tolle, Burchard (Hausmann)
19.11.	**Hartung**, Hans Caspar (Schuster, jetzt Bergmann, aus Heimersleben) V: Hartung, Joh. Matthias + (Kramer in Heimersleben)		**Hartung**, Anna Maria V: Hartung, Caspar
26.11.	**Lübbe**, Hans Henrich (Ww., Färber in Herzberg)		**Hartwiegeß**, Anna Maria V: Hartwiegeß, Caspar, (Zimmermeister)
26.11.	**Weiß**, Christoph (Bergmann, geb. in Voigtsberg bei Freiberg)		**Horre**, Anna Magdalena V: Horre, Christoph, + (Nagelschmied)

<u>1700</u>

07.01.	**Tipper**, Andreas (Ww., Bergmann aus Lerbach)		**Escherich**, Anna Maria V: Escherich, Caspar (Viehhirte)
23.01.	**Hentze**, Johann Arend (Schneider, geb. in Eisdorf) V: Hentze, Andreas		**Gerber**, Anna Elisabeth V: Gerber, Johann Benedict
01.05.	**Wolff**, Hans (Bergmann, von Schmalkalden)		**Heidekamp**, Marlene Margar. Wwe. des Medic. Practici in Ellrich
23.05.	**Weber**, Christoph (Ww.)		**Böcker**, Elisabeth Wwe. des Rose, Jacob (Bürger in Lauterberg)
31.05.	**Kienhold**, Just Matthias (Bergmann)		**Herberger**, Anna Magdalena V: Herberger, Hans + (Bäcker)

31.05.	**Deichmann**, Hans Michael (Zimmerer-Knecht) V: Deichmann, Hans Valtin	**Weber**, Anna Elisabeth V: Weber, N. (Bergmann)
06.06.	**Humb**, Hans Barthold (Ww., Bergmann, geb. in Clausthal)	**Model**, Catharina V: Model, Christoph
20.06.	**Bock**, Johann Christoph (Bergschmied) V: Bock, Hans Jürg	**Rosenberger**, Anna Maria V: Rosenberger, Caspar
20.06.	**Kessel**, Johann Bernhard (Handelsmann) V: Kessel, Henrich	**Haberland**, Anna Margaretha V: Haberland, Hans + (Zimmermeister)
21.06.	**Arend**, Caspar Bernhard (Ww.) (Puchsteiger)	**Rosenberger**, Catharina Margar. V: Rosenberger, Caspar, sen. (Meister)
24.06.	**Dannenberger**, Tobias (Steiger) V: Dannenberger, Caspar	**Gödecke**, Catharina Elisabeth V: Gödecke, Henrich
11.07.	**Deichmann**, Christian Michel (Hüttenarbeiter) V: Deichmann, Michel (Meister)	**Fischer**, Maria Magdalena V: Fischer, Hans Christian (Eisensteiner)
11.07.	**Höhne**, Christoph (Ww., Bergmann)	**Hoffmann**, Maria Magdalena V: Hoffmann, Paul (Reisemann)
01.08.	**Kutscher**, Hans Caspar (Ww., Bergmann)	**Schwanhauser**, Susanna Dorot. V: Schwanhauser, Caspar
08.08.	**Mahr**, Hans Jürg (Ww., Bergmann)	**Bock**, Anna Catharina V: Bock, Caspar + (Rademacher)
12.09.	**Schier**, Salomo (Bergmann, geb. in Bergstadt Gränitz bei Freiberg)	**Bergmann**, Elisabeth Maria V: Bergmann, Peter + (Kannenmacher)
14.09.	**Rosenbusch**, Hans Jürg (Bergmann)	**Thon**, Anna Magdalena V: Thon, Peter +
24,11,	**Keidel**, Christian (Satler)	**Kutscher**, Dorothea Magdalena V: Kutscher, Andreas (Handelsmann)
26.12.	**Billig**, Christian Franz (Bergmann) V: Billig, Hans Ernst +	**Wolter**, Catharina Elisabeth V: Wolter, Henrich Jürg (Fuhrmann)

| 26.12. | **Banse**, Hans Henrich (Köhlerknecht von der Oder) V: Banse, Henrich + (Hufschmied) | **Engelhart**, Elsa Margaretha V: Engelhart, Martin + |

1701

| 24.01. | **Bannehals**, Lorenz (Fuhrknecht bei Caspar Keidel) | **Seiffert**, Maria Dorothea V: Seiffert, Lorenz |

| 06.02. | **Fricke**, Hans Henrich (Bergmann) | **Henckel**, Anne Magdalene V: Henckel, Henrich |

| 06.02. | **Baum**, Johann Tobias (Fuhrmann) V: Baum, Hans + | **Bock**, Anna Catharina V: Bock, Hans Jürg |

| 06.02. | **Abendroth**, Andreas Michael (Bergmann) V: Abendroth, Jürg, sen. | **Bergmann**, Susanna Margarethe V: Bergmann, Michel |

| 06.02. | **Fischer**, Hans (Ww., Zimmermeister) | **Köhler**, Margaretha V: Köhler, Andreas + (Hammerschmied auf der Oder (Hütte)) |

| 12.06. | **Marr**, Hans Jürg (Bergmann) V: Marr, Valtin + | **Eschenbach**, Dorothea Elisabeth V: Eschenbach, Andreas |

| 12.06. | **Schlösser**, Andreas (Bergmann) V: Schlösser, Hans + | **Stieber**, Anna Maria V: Stieber, Jacob |

| 19.06. | **Hohmann**, Johann Christoph (Ww., Schmied aus Herzberg) | **Hoffmeister**, Anna Magdalena V: Hoffmeister, Hans Jürg (Bergmann) |

| 14.08. | **Riemann**, Christoph (Brauknecht) V: Riemann, Andreas + (Braumeister) | **Gödecke**, Susanna Margaretha V: Gödecke, Nicolay (Einwohner in Sachsa) |

| 04.09. | **Schneid (er)**, Lorentz (Bergmann, geb. in Zorge) V: Schneider, Andreas (Hohenöfener) | **Bretenbach**, Maria Magdalena V: Bretenbach, Henrich + (Nagelschmied) |

| 04.09. | **Engelhardt**, Andreas (Pucher auf der Oderhütte) V: Engelhardt, Martin + (Pucher auf der Oderhütte) | **Grimm**, Anna Catharina V: Grimm, Henrich (Schneider in Wieda) |

| 18.09. | **Dannenberger**, Caspar (Ww., Obergeschworener) | **Engelke**, Elisabeth Margaretha (Wwe. des Engelke, Joh. Heinrich Stadtschreiber in Ellrich) |

25.09.	**Jäger**, Michel (Schmelzer) geb. in Osterode V: Jäger, Philipp + (Köhler in Osterode)	**Janson**, Anna Margaretha V: Janson, Jürg + (Hammerschmied auf der Eisenhütte vor Herzberg (Lonauerhammerhütte))
09.10.	**Prössel**, Georg Andreas (Bergmann) V: Prössel, Hans (Bergmann)	**Bretenbach**, Anna Margaretha V: Bretenbach, Henrich + (Nagelschmied)
09.10.	**Westpfal**, Thomas (Ww., Bergmann)	**Deichmann**, Magaretha Magdal. Wwe. des Vogel, Christoph Bergmann
16.10.	**Weber**, Johann Georg (Bergmann, geb in Clausthal)	**Deichmann**, Magdalena Cathar. V: Deichmann, Valentin Hans
16.10.	**Tränckner**, Hans Ernst (Bergmann, geb. in St. Joh.- Georgenstadt)	**Kahle**, N.N. V: Kahle, Henrich (Bergmann)
23.10.	**Bergmann**, Hans Michel (Bergmann) V: Bergmann, Michel (Bergmann)	**Rexhausen**, Barbara Catharina V: Rexhausen, Andreas + (Bergmann)
06.11.	**Seiffert**, Hans Christoph (Bergmann)	**Reinhausen**, Margaretha Wwe. des Zander, Hans Henrich
13.11.	**Abendroth**, Christoph (Bergmann) V: Abendroth, Jürg sen.	**König**, Regina Magdalena V: König, Henrich + (Nagelschmied)
20.11.	**Wedemann**, Hans Valtin (Ww., Bergmann)	**Hedeler**, Dorothea Magdalena V: Hederler Greger
27.11.	**Bolte**, Johann Carel (Bergmann) V: Bolte, Johann Friderich + (Dielenschreiber)	**Hoffmann**, Anna Barbara V: Hoffmann, Andreas (Steiger)
26.12.	**Seiffert**, Johan Jacob (Bergmann) V: Seiffert, Hans + (Schindelmacher)	**Münterlein**, Catharina Margar. V: Münterlein, Hans (Mollenhauer)
26.12.	**Kieser**, Hans Caspar (Bergmann) V: Kieser, Nicolay +	**Halbrot**, Maria Wwe. des Kaste, Martin

1702

05.02.	**Köhler**, Hans Christoph (Mollenhauer) V: Köhler, Thomas	**Körner**, Elisabeth V: Körner, Melcher +

St. Andreasberg

17.04.	**Hoffmann**, Zacharias (Bergmann) V: Hoffmann, Hans +	**Stieber**, Elsa Catharina V: Stieber, Hans Jürg + (Hüttenarbeiter u. Hammerschmied in Rübeland)
30.04.	**Kestener**, Esaias (Hüttenarbeiter) V: Kestener, Caspar + (Eisensteiner in Elbingerode)	**Kruschwitz**, Anna Regina V: Kruschwitz, Caspar
30.04.	**Zöchtig**, Heinrich (Ww., Fuhrmann)	**Sauer**, Catharina Elisabeth V: Sauer, Andreas + (Koch in Osterode)
14.05.	**Berckefeld**, Hans Zacharias (Bergmann)	**Holtzberger**, Magdal. Catharina V: Holtzberger, Hans +
05.06.	**Härig**, Henrich Martin (Schneidermeister) V: Härig Johann Adolph (Schneider)	**Prössel**, Anna Elisabeth V: Prössel, Hans (Hufschmiedemeister)
05.06.	**Fricke**, Conrad Henrich (Bergmann, geb. in Hildesheim) V: Fricke, Johann Henrich (Schuster in Hildesheim)	**Bergmann**, Anna Dorothea V: Bergmann, Peter + (Kannenmacher)
05.06.	**Wiegand**, Hans Jürgen (Bergmann) V: Wiegand, Balthasar + (Bergmann)	**Sommer**, Maria Magdalena V: Sommer, Hans + (Bergmann)
06.08.	**Meyer**, Georg Andreas (Ww., Bergmann)	**Kümmel**, Anna Elisabeth V: Kümmel, Hans (Schuster in Herzberg)
13.08.	**Meusner**, Joh. Daniel (Müller in der Sperrenstals Mühle)	**Rose**, Catharina Margaretha V: Rose, Henrich +
03.09.	**Pfeiffer**, Hans Caspar (Bergschmied)	**Gattermann**, Dorothea Margar. des Schorlerß Andreas Ww
01.10.	**Magerhans**, Just (Ww., Bergmann)	**Degenhart**, Anna Maria Luterb.= Lauterberg
01.10.	**Koch**, Georg Caspar	**Ruhe**, Hedewig Elisabeth (geb. in Lauterberg)
08.10.	**Koch**, Andreas (Bergmann)	**Kienholt**, Anna Dorothea V: Kienholt, Otto +

15.10.	**König**, Georg (Ww., (Nagelschmied)	**Binnewies**, Sophia Margaretha V: Binnewies, Henrich + (Ackermann in Osterode)
22.10.	**Baumann**, Christiaan (Bergmann) aus Eibenstock in Sachsen V: Baumann, Christoph (Zimmermann daselbst)	**Mündel**, Anna Catharina V: Mündel, Hans (Nagelschmied)
28.10.	**Erd**, Michel (Bergmann) V: Erd, Michel + (Bergmann)	**Kag**, Anna Maria V: Kag, Hans Jürg
28.10.	**Schmidt**, Henrich (Ww., geb. in Wallersen Amt Lauenstein)	**Fuchs**, Anna Barbara V: Fuchs, Hans Henrich
12.11.	**Otte**, Johann Valtin (Bergmann)	**Leifheit**, Anna Catharina V: Leifheit aus Bartolfelde
02.12.	**Hedeler**, Hans Jürg (Bergmann) V: Hedeler, Caspar	**Raue**, Anna Catharina V: Raue, Henr. (aus Osterode)
02.12.	**Ernst**, Hans Jürg (Ww., Bergmann)	**Hedeler**, Dorothea V: Hedeler, Caspar
26.12.	**Seelbach**, Joh.Henrich (Bergmann)	**Prössel**, Dorothea Margaretha V: Prössel, Michel
26.12.	**Winter**, Caspar	**Wendeler**, Wwe. Wwe. des Elias Wendeler
26.12.	**Zwicker**, Hans Daniel (Hüttenmann von Herzberg)	**Gärmsch**, Anna Regina

1703

18.02.	**Stiegelitz**, Hans Heinrich (Bergmann) V: Stiegelitz, Lyborii	**Weber**, Maria Magdalena V: Weber, Cyriacus Bergmann
18.02.	**Kraus**, Christoph Wilhelm (Bergmann) aus Sachsenland	**Thon**, Margaretha Magdalena V: Thon, Peter + (Bergmann)
18.02.	**Kutscher**, Hans Valentin (Bergmann) V: Kutscher, Andreas	**Bock**, Catharina Liesabeth V: Bock, Christoph (Rademachermeister)

18.02. **Ruthel**, Henrich (Bergmann,   **Eisert**, Catharina Magdalene
geb. an der Rasche   V: Eisert, Andreas
in Sachsenland)
V: Ruthel, Abraham
(Eisenhändler

18.02. **Risch**, Heinrich Friedrich,Ww   **Störmer,** Margar. Magd.
V: Risch, Valentin   V: Störmer, August
(Holzhauer aus Elbing)   (Zimmermeister)

18.02. **Steck**, Christoph (Bergmann)   **Störmer**, Maria Marg.
V: Stock, Hans   V: Störmer, August
(Hüttenarbeiter in Osterode)   (Zimmermeister)

22.04. **Hartzig**, Andreas (Puchsteiger)   **Klingsörels**, Anne Liese
V: Hartzig, Conrad   V: Klingsörels, Christian
(Oberpuchsteiger in Clausthal)   (Zimmermeister)

22.04. **Nübel**, Georg Diederich (Bergmann)   **Kiesewitter**, Cath. Magd.
V: Nübel, Andreas   V: Kiesewitter, Horst Heinrich.
(Brauer in Clausthal)   (Köhlermeister)

30.05. **Fischer**, Hans Ulrich (Puchknecht)   **Haberland**, Anna Ortie
V: Fischer, Rudolf   V: Haberland, Heinrich
(Müller u. Ackermann zu Barbis)   (Brauer)

08.07. **Kivit**, Hans Valentin (Bergmann)   **Werner**, Dorothea Marg.
     V: Werner, Christoph
     (Bergmann in Zellerfeld)

08.07. **Hoppe**, Hans (Ww., Bergmann)   **Pörtzel**, Anne Grete
     V: Pörtzel, Hans
     (Kleinschmied)

15.07. **Köhler**, Hans (Mollenhauer)   **Hoffmann**, Anna Catharina
V: Köhler, Hans   V: Hoffmann, Andreas
(Brauer)   (Steiger)

29.07. **Bomburg**, Christoph   **Berckefeldt**, Maria Lies.
V: Bomburg, Georg   V: Berckefeldt, Caspar
(Wollenhändler   (Brauer)
u. Rechtsgelehrter in Bleicherode)

30.09. **Tabbert**, Johan Georg   **Otte**, Magdalene, Wwe
     des Jost Westphal

30.09. **Köhler**, Johan Arend (Bergmann)   **Finke**, Maria Sybilla
V: Köhler, Horst Valentin   V: Finken, Mathias
(Mollenhauer)   (Brauer u. Bergmann)

30.09.	**Hoffmann**, Caspar (Bergmann) V: Hoffmann Andreas (Brauer u. Stollensteiger)	**Stieglitz**, Catharine Marg. V: Stieglitz, Libory (Bergmann)
14.10.	**Horre**, Ernst Michel (Handelsmann) V: Horre, Heinrich Erhard (Handelsmann)	**Bock**, Catharina Liesebeht V: Bock, Henrich (Obersteiger auf dem Samson)
14.10.	**Trute**, Lorentz (Bergmann) V: Trute, Horst + (Bergmann in Zorge)	**Fuchs**, Anna Cath. V: Fuchs, Hans + (Hutmacher)
14.10.	**Schlösser**, Michel (Ww.)	**Koch**, Ortie V: Koch, Caspar + (Hufschmied auf d. Königshof)
P. 21.10.	**Heideler**, Johan Just (Fleischermeister) oo in Wollershausen V: Heideler, Greger (Fleischermeister)	**Berckefeld**, Anna Cath. V: Berckefeld, Andreas (Ackermann in Wollershausen)
?.10.	**Belckner**, Jürgen Philip (Bergschmied) V: Belckner Hans Zacharias (Bergmann in Clausthal)	**Erd, Gertrud Marg.** V: Erd, Jacob +
04.11.	**Fuchs**, Andreas (Nagelschmied) V: Fuchs, Horst + (Hutmacher)	**Peters**, Anna Maria C: Peters, Christoph + (Kirchenmann)
18.11.	**Sadler**, Hermann (Zimmermann) V: Sadler, Jürgen (Bürger in Wernigerode)	**Gerke**, Anna Cath. V: Gerke, Andreas (Ratsdiener)
25.11.	**Kutscher**, Johan Michel (Abtreiber u. Kupfergarmacher auf hiesiger Silberhütte) V: Kutscher, Caspar + (Fleischhauer)	**Fuchs**, Dorothea Magd. V: Fuchs, Johan + (Kämmerer)
16.12.	**Löweke**, Horst Peter	**Köhler**, Catharina Elisabeth
III.Nativi	**Schröder**, Lorentz (Ww., Schmelzer)	**Steckel**, Anna Maria V: Steckel, Henrich (Ratsmüller)

1704

06.01.	**von Nüßen**, Christian (Reisemann) V: von Nüßen, Hanß Wilhelm + (Maschenbläser zum Neuenwerk, Neuwerk an der Bode)	**Theuerkauf**, Agatha Elisabeth V: Theuerkauf, Bernd + (Förster in Elend)

06.01.	**Horre**, Thomas (Handelsmann) V: Horre, Henrich Erhard (Handelsmann)	**Kern**, Maria Dorothea V: Kern, Johan Georg (Oberhüttenmeister)
13.04.	**Kestner**, Esaias (Ww., Hüttenarbeiter)	**Billig**, Gertrud Cath. V: Billig, Ernst + (Hüttenarbeiter zum Königshof)
20.04.	**Spindeler**, Hans (Hirte) V: Spindeler, Michael (Viehhirte)	**Hartmann**, Maria V: Hartmann, Jürgen (Hochöfener)
27.04.	**Thiele**, Heinrich Arnd (Hüttenarbeiter) V: Thiele, Georg + (Fuhrmann)	**Berkefeldt**, Margar. Magd. V: Berkefeld, Hans (Bergmann)
03.06.	**Koch**, Hans (Schuster) V: Koch, Hans + (Fuhrmann in Ellrich)	**Deichmann**, Margarethe Magd. Wwe. des Westpfahl, Thomas (Bergmann)
06.07.	**Kratzenstein**, Hans (Ww.)	**Gille**, Elisabeth V: Gille, Libory + (Einwohner in Hohegeiß)
13.07.	**Volck**, Conrad (Ww., Tagelöhner)	**Schöter**, Anna Clara V: Schöter, Arend (Meister)
03.08.	**Fricke**, Mathias V: Fricke, Just Andreas + (Fuhrmann in Zellerfeld)	**Welling**, Ortie Christine V: Welling, Hans +
03.08.	**Engelke**, Hans (Bergmann) V: Engelke, Tobias (Sägemüller)	**Seiffert**, Cath. Maria V: Seiffert, Lorenz (Köhlermeister)
28.09.	**Wohn**, Jochen (Bergmann) V: Wohn, Andreas (Köhlermeister)	**Greifenhagen**, Anne Liese V: Greifenhagen, Hans Michel +
05.10.	**Grübell**, Andreas (Handelsmann) V: Grübell, Horst Jürgen + (Handelsmann)	**Walter**, Maria Magd. V: Walter, Hans (Handelsmann)
05.10.	**Köhler**, Andreas (Ww., Bergmann)	**Pfeiffer**, Susanna V: Pfeiffer, Peter + (Zimmermeister)

12.10.	**Kirsch**, Johan Bartold (Bergmann) V: Kirsch, Bartold (Bergmann)	**Gärtner**, Margareth. Magd. V: Gärtner, Georg (Bergmann)
12.10.	**Obenauff**, Hans Caspar (Bergmann) V: Obenauff, David + (Maschenbläser in Ilsenburg)	**Prössel**, Maria Sabine V: Prössel, Hans (Bergmann)
12.10.	**Ackert**, Hans Jürgen (Köhler) V: Ackert, Christ. (Fuhrmann in Elbingerode)	**Nissen**, Cath. Liesebeth V: Nissen, Moritz + (Kunstmüller in Münchenlohra)
03.12.	**Meier**, Heinr. Dieter. (Bergschreiber) oo privat	**Retberg**, Juliane Magdal. V: Retberg (Konsul in Osterode)
02.11.	**Schedemann**, Demuth (Nagelschmied) V: Schedmann, Michel + (Bergmann in Clausthal)	**Stedten**, Anna Marie V: Stedten, Christoph (Bergmann)
09.11.	**Keidell**, Ernst (Zimmergesell) V: Keidel, Caspar (Fuhrmann)	**Theuerkaauff**, Cath. Maarg. V: Theuerkauff, Bernhard + (Förster in Elend)
09.11.	**Bergmann**, Hans Christoph (Bergmann) V: Bergmann, Henrich + (Grabensteiger) (Hirte)	**Marhenke**, Anna Margarethe V: Marhenke, Hans Jacob
P. 09.11.	**Heidekamp**, Henrich Christoph (Bergmann) oo in Hattorf V: Heidekamp, Johann Christoph (Tagelöhner)	**Wohn**, Margaretha V: Wohn, Peter (Einwohner in Hattorf)
23.11.	**Hedeler**, Hans Jürgen (Ww.)	**Schiebel**, Anna Barbe V: Schiebel, N. (Papiermachergesell von Wadersleben)
25.12.	**Saubrei**, Henrich Caspar (Bergmann) V: Sauebrei, Jacob + (Nagelschmied)	**Steinhausen**, Ilse Maria V: Steinhausen, Jacob + (Radmacher)
25.12.	**Zitzmann**, Jacob (Fuhrknecht) V: Zitzmann, Henrich (Schulze in Sülzhayn)	**Minterlein**, Magd. V: Minterlein, Hans +

1705

01.02.	**Riemann**, Christoph (Ww., Braumeister)	**Lange**, Cath. Margar. V: Lange Hans + (Rademacher in Elbingerode)
22.02.	**Ballhausen**, Johan Christoph (Fuhrknecht) V: Ballhausen, Johan Gabriel (Köhlermeister zum Königshof)	**Wagener**, Clara Maira V: Wagener, Simon (Hufschmied zum Königshof)
15.03.	**Kühne**, Caspar Salomon	**Hedemann**, Anna Elisabeth
15.03.	**Wiegand**, Heinrich Andr. (Bergmann) C: Wiegand, Cord + (Köhler)	**Zinck**, Anna Ortie V: Zinck, Caspar (in Lauterberg)
P.	**Kutscher**, Zacharias (Bergmann) oo in Herzberg V: Kutscher, Hans Melcher + (Grubensteiger)	**Lehmann**, Catharina Liese V: Lehmann, Hans Heinrich + (Koch in Herzberg)
26.04.	**Koine**, Hans Rudolff (Hirtenknecht) V: Höne, Hans (Hirte in Wernigerode)	**Abendroth**, Anna Cath Wwe. des Bindseil, Philip (Seiler in Wernigerode)
10.05.	**Berkefeld**, Johann Zacharias (Ww., Bergmann)	**Stecke. Cath. Liese**, 0 V: Stecke, Christoph + (Nagelschmied)
P. 24.05.	**Hoffmann**, Adam Heinrich (Schreiber auf der Oderhütte) oo in Tanne V: Hoffmann, Hoffmann, Tobias + (Gastwirt u. Kirchvorstand in Wolfenbüttel)	**Spitzer**, Christine Dorothea V: Spitzer, Joh. Hermann + (Eisenfaktor auf den Elbingerödischen Eisenhütten)
07.06.	**Klingsörel**, Georg Christoph (Ratszimmermeister u. Röhrenbohrer) V: Klingsörel. Christian (Zimmermeister)	**Polstorff**, Anne Barbe V: Polstorff, Thomas (Fuhrherr)
28.06.	**Kivit**, Peter (Bergmann) V: Kivit, Martin + (Schuster)	**Zwinckmann**, Anna Doroth. V: Zwinckmann, Hans (Leineweber)
05.07.	**Stieglitz**, Christian (Bergmann) V: Stieglitz, Libory (Bergmann)	**Gerig**, Cath. Lisabeth V: Gerig, Christoph (Grubensteiger)
19.07.	**Pfeiffer**, Johann Christoph (Fuhrmann) Pfeiffer, Hans Georg (Fuhrmann)	**Bock**, Anna Marg. V: Bock, Hans Georg (Hufschmied)

28.07. **Gödecke**, Johan Diederich (Ww., Handelsmann)   **Baum**, Anna Barbara
Die Mütter ließ ihr anfangs diese Heirath gefallen,   V: Baum, Hans +
kam aber bald auf einen andern Jungen und   Handelsmann
wollte durchaus nicht, obgleich die Tochter
über 28 Jahr, sie sollte auch keine Ursache alß daß
Er seine vorige Frau so bald vergeßen, vortragen.
die Obrigkeit die Proklamation und Copulation
dennoch losgeben weil die Kinder alles versuchen ,
die böse Mütter zugewinnen welche aber in böser
Verwandschaft lag".

30.08. **Wiegand**, Balthasar (Ww., Grabenarbeiter)   **Götze**, Anna Sophia
V: Götze, Hans Jacob +
(Leineweber in Wieda)

18.10. **Hoffmann**, Peter (Handelsmann)   **Ellisen**, Catharina Margarethe
V: Hoffmann, Paul   V: Ellisen, Valentin +
(Handelsmann)   (Organist zu Barbis)

18.10. **Rosenbusch**, Christoph (Bergmann)   **Bergmann**, Cath. Maria
Rosenbusch, Christoph   V: Bergmann, Michel +
(Puchsteiger)   (Bergmann)

P.
18.10. **Lehmann**, Joh. Ernst (Hufschmied)   **Brauer**, Sophia Gerdrut
oo in Altenaau   Wwe. der Stolle, Bartold
V: Lehmann, Nicolay   (Maurermeister in Clausthal)
(Hufschmiedemeister)

18.10. **Breitenbach**, Joh. Henrich (Bergmann)   **Riedel**, Elisabeth
V: Breitenbach, Hans Henrich +   V: Riedel, Johan Andreas +
(Nagelschmied)   (Bader u. Wundarzt
in Lauterberg)

01.11. **Bode**, Johan Heinrich (Hammerschmied   **Engelhard**, Anna Magdal.
auf der Oderhütte)   V: Engelhard, Martin +
V: Bode, Andreas +   (Pucher auf der Oderhütte)
(Hammerschmied zum Königshof)

01.11. **Schnevogd**, Johan Thile (Schmiedegesell,   **Engelhard**, Catharine
oo in Lauterberg)   V: Engelhard, Braumeister

15.11. **Henze**, Christ. Conrad (Bergschmied)   **Kieser**, Maria Dorothea
V: Henze, Gregor +   V. Kieser, Michael +
(Glasmacher in Lauterberg)
(Bergmann)

P.

15.11.   **Güntherr**, Caspar (Ww., Bäckermeister)   **Groß**, Anna Christina
         oo 22.11. in Scharzfeld   V: Groß, Steffen
                                                          (Hufschmiedemeister in
                                                          Scharzfeld)

15.11.   **Peters**, Johan Christoph (Fuhrknecht)   **Seißen**, Maria Magdal.
         V: Peters, Johan Christoph +   V: Seißen, Hans +
         (Reuter)   (Reuter)

22.11.   **Lorentz**, Jürgen Christoph (Bergmann)   **Friedrich**, Anna Magd.
         V: Lorentz, Jürgen +   V: Friederich, Johan Heinrich +
         (Handelsmann in St. Annaberg)   (Eisensteiner)

27.12.   **Lein**, Hans Adam (Bergmann)   **Bergmann**, Anne Elisabeth
         V: Lein, Christian +   V: Bergmann, Andreas
         (Einwohner in Ritters Grün   (Grubensteiger)
         Kurfürstl. Sachs. Floßmeister)

27.12.   **Flache**, Johann Bartold (Nagelschmied)   **Kutscher**, Anna Cathar.
         V: Flache, Christ.   V: Kutscher, Horst +
         (Hüttenschreiber auf der Oder(hütte))   (Bergmann)

27.12.   **Kiesewitter**, Heinrich Michel (Puchsteiger)   **Seiffert**, Margareth. Liese
         V: Kiesewitter, Hans Henrich +   V: Seiffert, Thomas Michel
         (Köhlermeister)   (Oberpuchsteiger)

27.12.   **Wecke**, Johann Arend (Hammerschmied)   **Jungnickel**, Ilse Marg.
         V: Wecke, Otto   V: Jungnickel, Jürgen +
         (Schulmeister in Badenhausen)   (Bäckermeister)

1706

17.01.   **Bornburg**, Christoph (Bergmann)   **Höne**, N.N.
                                                          V: Höne, Hans Heinrich +
                                                          (Schmiedemeister)

31.01.   **Gille**, Ernst (Köhler)   **Breitenbach**, Maria Magd.
         V: Gille, Hans +   V: Breitenbach, Heinrich +
         (Fuhrmann in Sieber)
         (Nagelschmied)
P.

11.04.   **Schockart**, Hans Jürgen   **Brüning**, Doroth. Margareth.
         (Schustermeister in Braunlage)   V: Brüning, Thimoth.
         oo in Lauterberg   (Meister in Altenau u.
         V: Schockart, Heinrich   Münzenschmidt in Zellerfeld)

11.04.   **Halbrodt**, Johan Christopff (Bergmann)   **Otte**, Margarethe Catharina
                                                          Wwe. des Schwanhäuser,
                                                          Christian

11.04.	**Rosenbusch**, Hans Jürgen (Bergmann) V: Rosenbusch, Christopff (Steiger)	**Friedrich**, Anna Catharina V: Friedrich, Conrad (Schustermeister)
11.04.	**Wilhelm**, Andreas Christopff (Bergmann) V: Wilhelm, Andreas	**Geffert**, Anna Marg. V: Geffert, Henrich (Brenner in Lauterberg)
06.04.	**Friederich**, Jürgen (Bergmann) V: Friederich Zacharias + (Grubensteiger)	**Bolte**, Cath. Margaret. V: Bolte Johan Friederich + (Dielenschreiber)
06.04.	**Kauffmann**, Georg Hyeronymy (Fuhrknecht) V: Kauffmann, Zacharias (Fuhrmann)	**Hille**, Anna Dorothea V: Hille, Hans Caspar (Rademacher in Altenau)
06.04.	**Grübell**, Michel (Bergmann) V: Grübel, Hans Jürgen + (Handelsmann)	**Friedrich**, Anna Marga Friedrich, Zacharias + (Grubensteiger)
02.05.	**Engelhard**, Hans (Meisterknecht auf der Domäne) V: Engelhard, Martin + (Pucher)	**Coleman**, Anne Liese Wwe. des Meyer, Christoph (Zimmermeister auf den Elbingeröder Hütten)
06.05.	**Fuchs**, Heinrich Michael (Rektor) V: Fuchs, Johan + (Kämmerer)	**Ellisen**, Sophia Elisabeth V: Ellisen, Johan Georg + (Pastor)
09.05.	**Vogel**, Daniel (Bergmann) V: Vogel, Michel (Ackermann in Wettin)	**Gerke**, Anna Magd. V: Gerke Hans + (Nagelschmied)
16.05.	**Henkel**, Nicolay (Ww., Bergmann)	**Beringer**, Anna Margaretha V: Beringer, Jeremias + (Bergmann in Clausthal)
16.05.	**Trenkner**, Christian (Bergmann) V: Trenkner, Christoph + (Grubensteiger in St. Georgenstadt)	**Schwanhäuser**, Anna Cath. V: Schanhäuser, Philip + (Bergmann)
24.04.	**Gerke**, Andreas (Bergbursch) V: Gerke, Hans + (Nagelschmied) "Dieses Paar hatte sich in Unkeuschheit zusammen gefunden, aber dabei die Ehe versprochen und auch gehalten, weswegen sie ohne coremonion nach einmahliger Proclamation in der Kirche im Beisein ihrer Freuende copuliert und dabei zur hertzlichen Buße angemahnet worden."	**Köhler**, Cath. Liese V: Köhler, David + (Tagelöhner)

26.05.	**Reichert**, Andreas (Ww., Holzhauer in Altenau)	**Ducker**, Cath. Marg. (Wwe. des Niemeier, Friedrich (Erzfuhrmann in Clausthal))
06.06.	**Volckmann**, Hans Caspar (Bergmann) V: Volckmann, Hans Heinrich + (Grubenssteiger)	**Bock**, Marg. Liesebeht V: Bock, Michael + (Silberabtreiber in Clausthal)
06.06.	**Seiff**, Andreas Caspar (Bergmann) V: Seiff, Andreas + (Kirch- u. Schuldiener)	**Steckel**, Anna Cath. V: Steckel, Andreas (Bergmann)
20.06.	**Vogel**, David (Puchsteiger) V: Vogel, Caspar (Tuchmachermeister in Freiberg)	**Leiffheit**, Cath Elisabeth V: Leiffheit, Heinrich
27.06.	**Reiten**, Zacharias (Arbeiter auf den elbingerödischen Eisenhütten)	**Satze**, Gret Liese V: Setze, Johan (Holzhauer auf der Oderhütte)
18.07.	**Oppe**, Horst (Bergmann) V: Oppe, Jürgen + (Bergmann in Breitenbrunn/Sachsen)	**Dantz**, Anna Maria V: Dantz, Andreas (Handelsmann)
25.07.	**Keltz**, Barthold (Maurer) V: Keltz, Horst Nicolay + (Maurermeister in Sachsa)	**Polstorff**, Anna Liese Cathrine V: Polstorff, Simon + (Handelsmann)
15.08.	**Seiffert**, Johan Valentin (Bergmann) V: Seiffert, Lorentz (Köhlermeister)	**Hopmann**, Doroth. Maria V: Hopmann, Michel + (Grubensteiger)
05.09.	**Jäkel**, Aaron (Bergmann) V: Jäkel, Christopff + (Brennmeister in der Bergstadt Altenberg)	**Grübel**, Anna Magd. V: Grübel, Horst Jürgen + (Handelsmann)
12.09.	**Löhme**, Hans (Köhler auf der Oder) V: Löhner, Heinrich (Fuhrmann in Lüdershof) (Sägemüller auf der Oder)	**Haimdorff**, Ortie Liese V: Haimdorff, Ernst
P. 26.09.	**Eschenbach**, Caspar Christian (Bergmann) oo in Clausthal V: Eschenbach, Andreas (Obersteiger)	**Schmidt**, Anna Elisabeth V: Schmidt, Abraham (Bergmann in Clausthal)
17.10.	**Uder**, Johan Gottfried (Bäcker) V: Uder, Johann Gottfried + (Münzer in Clausthal)	**Preiß**, Cath. Liese V: Preiß, Horst, Friedrich (Schmelzer)

17.10.	**Berkenfeldt**, Caspar Christian (Bergmann) V: Berkenfeldt, Heinrich + (Bergmann)	**Rosenbusch**, Doroth. Liese V: Rosenbusch, Christopff (Puchsteiger)
17.10.	**Fuchs**, Johan Goltfriedt (Schuster) V: Fuchs, Johann + (Kämmerer)	**Kutscher**, Anna Margret V: Kutscher, Andreas
24.10.	**Weber**, Johan Christopff (Bergschmied) V: Weber, Ziliach	**Lücken**, Anna Margar. V: Lücken, Thomas (Braumeister)
24.10.	**Heidekamp**, Heinrich Caspar (Viehhirte auf der Odermühle) V: Heidekamp, Caspar +	**Köhler**, Anna Cath. V: Köhler, Andreas + (Hammerschmied)
14.11.	**Abendroth**, Horst Jürgen (Bergmann) V: Abendroth, Jürgen (Böttcher)	**Eiffert**, Anna Barbe V: Eiffert, Andreas
21.11.	**Kale**, Johan Jürgen (Bergmann) V: Kale, Heinrich +	**Haberland**, Dorothea Elisabeth V: Haberland, Heinrich (Zimmermann)
21.11.	**Holtzberger**, Horst Thomas (Bergschmied) V: Holtzberger, Horst Heinrich + (Köhlermeister)	**Pabst**, Catharina Maria V: Pabst, Horst Jacob + (Förmer in Braunlage)
21.11.	**Stucken**, Heinrich Adam (Hüttenarb. in Altenau) V: Stucken, Horst Jochen (Schmelzer in Altenau)	**Zwinckmann**, Agnete Margar. V: Zwinckmann, Hans
28.11.	**Meier**, Hans Georg (Bergmann) V: Meier, Heinrich Ernst + (Bergmann) "die copulation hätte sollen ehe geschehen, aber weil der Bräutigann in der Grube Schaden bekam, so ist solche biß auf den 1. Advent aufgehoben."	**Kieser**, Anna Maria V: Kieser, Claus + (Schindelmacher)
28.11.	**Mast**, Andres Panis (Bergmann) V: Mast, Hans Heinrich (Bergmann)	**Hoffmann**, Cath. Margarth. V: Hoffmann, Paul (Handelsmann)

1707

13.01.	**Kruschwitz**, Paul Dieterich (Bergmann) V: Kruschwitz, Caspar (Schustermeister)	**Kruschwitz**, Anna Barbara V: Kruschwitz Hans Thomas (Schmiedemeister)

18.05.	**Bergmann**, Hans Michel	**Friederich**, Anna Dorothea
22.05.	**Berkhoff**, Johan Bartold (Tagelöhner) V: Berkhoff, Caspar (Einwohner in Eistorf)	**Heidekamp**, Marlene Margarethe Wwe. des Hans Wolf
03.07.	**Müller**, Martin Daniel (Tischlermeister) V: Müller, Peter + (Tischler)	**Ellisen**, Engel Doroth. V: Ellisen, Anthon
P. 21.08.	**Löhrs**, Carel Christian (Hofkonditor im Schwarzburgischen) oo in Schwarzburgischen	**Polstorff**, Anna Elisabeth V: Polstorff, Nicolai (Schulkollege u Organist)
09.10.	**Müller**, Valentin (Ww., Bergmann)	**Schwäben**, Catharina Elisabeth V: Schwäben, Hans + (Fuhrmann in Sachsa)
06.11.	**Eggelmann**, Johan Just (Abtreiber) V: Eggelmann, Heinrich + (Silberabteiber)	**Hartzig**, Anna Elisabeth V: Hartzig, Leopold (Grubensteiger)
06.11.	**Kreüter**, Hans Andreas (Hufschmied) V: Kreüter, Hans (Hufschmied in Weimar)	**Halbrodt**, Susanna Margareth. V: Halbrodt, Heinrich (Bergmann)
13.11.	**Faupel**, Christian David (Bergmann) V: Faupel, Michel (Fuhrmann)	**Halbrodt**, Cath. Marg. V: Halbrodt, Elias (Bäcker)
24.12.	**Minterlein**, Johan Christian (Bergmann) V: Minterlein, Christian + (Bergmann)	**Peters**, Doroth. Sabina V: Peters, Johan Georg (Leineweber in Osterode)
24.12.	**Zippel**, Johan Jost (Ww.) (Bergmann)	**Schilling**, Anna Margaretha Wwe. des Maers, Hans Michel

<u>1708</u>

?	**Finke**, Martin Christoph (Bergmann) V: Finke, Mathias	**Kirch**, Maria Liese V: Kirsch, Barthold
?	**Hoffmann**, Johan Kilian (Ww., Handelsmann)	**Friederich**, Anna Cath. (Wwe. d Wwe. es Heine, Jacob, Organist in Lauterberg)
11.02.	**Heidekam**, Andreas (Bergbursch) V: Heidekam, Caspar + (Handelsmann)	**Henckel**, Magd. Liese V: Henckel, Heinrich (Zimmermeister)

22.04.	**Beustershausen**, Hans Jürgen (Ww.) (Bergmann)	**Köhler**, Dorothea Magd. V: Köhler, Math. + (Grubensteiger)
11.04.	**Ritter**, Mathias (Bergmann) V: Ritter, Hans Heinrich + (Fuhrmann in Clausthal)	**Kutscher**, Anne Barbe V: Kutscher, Hans Caspar + (Bergmann)
29.04.	**Mönnig**, Melchior (Ww.) (Brenner auf der Silberhütte)	**Raboden**, Dorothea V: Raboden Christoph + (Ackermann in Wulften)
29.04.	**Engelcke**, Johan Martin (Bergschmied) V: Engelcke, Tobias (Holzhauer)	**Seifferrt**, Anna Magd. V: Seiffert, Lorenz (Köhlermeister)
17.06.	**Holtzborn**, Hans Caspar (Fuhrmann) V: Holtzborn, Christopff (Fuhrherr)	**Francke**, Maria Magd. V: Francke, Andreas (Korntreiber)
17.06.	**Reichardt**, Christopff Conrad (Bergmann) V: Reichert, Michel + (Fuhrmann in Ilsenburg)	**Fischer**, Maria Elisabeth V: Fischer, Hans (Zimmermeister)
24.06.	**Wedemann**, Hans Valtin (Bergbursch) V: Wedemann, Caspar + (Reisender)	**Vekenstedt**, Margaret Liese V: Christ. Vekenstedt, + (Ackermann in Halberstadt)
22.07.	**Schlick**, Joha Michel (Bergmann) V: Schlick, Georg Caspar +	**Bock**, Anna Margar. V: Bock, Christopff (Rademacher)
14.10.	**Berndt**, Gabriel (Bergmann) V: Berndt, Christopff (Brenner in St. Georgenstadt)	**Greiffenhagen**, Dorothea Margaretha V: Greiffenhagen, Hans Michel + (Kunststeiger in Zellerfeld)
21.10.	**Kutscher**, Hans Jürgen (Bergmann) V: Kutscher, Andreas	**Bergmann**, Anna Maria V: Bergmann, Hans (Grubensteiger)
21.10.	**Greiffenhagen**, Jürgen Andreas (Bergmann) V: Greiffenhagen, Hans Michel + (Kunststeiger in Zellerfeld)	**Holtzäpfel**, Maria Liese V: Holtzäpfel, Hans Heinrich (Nagelschmied in Benneckenstein)
28.10.	**Spör**, Christ. Andreas (Bergmann) V: Spör, Zacharias (Kunsteiger in Wildemann) (Obersteiger)	**Hartzig**, Sophia Magd. V: Hartzig, Hans Michel

| 18.11. | **Fricke**, Ayaz Daniel (Bergmann)
V: Fricke, Burchard +
(Einwohner in Gittel(de)) | **LohrEngel**, Cath. Maria
V: LohrEngel, Karsten
(Hirte) |

| 18.11. | **Greiffenhagen**, Heinrich Michel (Bergmann)
V: Greiffenhagen, Hans Michel +
(Kunststeiger in Zellerfeld) | **Kürz**, Maria Magd.
V: Kürz, Elias +
(Bergmann in Clausthal) |

| 18.11. | **Ritter**, Johan Carel (Bergbursch)
V: Ritter, Ambrosiy
(Bergmann) | **Kieser**, N.
V: Kieser, Michel +
(Bergmann) |

| 25.11. | **Busch**, Heinrich Christopff (Bergmann)
V: Busch, Bernhard +
(Ratsverwandter) | **Klapproth**, Anna Cath.
V: Klapproth, Hans
(Einwohner in Pöhlde) |

| 25.11. | **Trenckner**, Christopff (Bergmann)
V: Trenckner, Chstistopff +
Grubensteiger in St. Georgenstadt | **Grübel**, Cath. Maria
V: Grübel, Jürgen +
Handelsmann |

| 25.11. | **Günther**, Just Heinrich (Schmelzer a. d. Silberhütte)
V: Günther, Adam +
(Krätzer in Clausthal) | **Wolter**, Anna Lucia
V: Wolter, Hans
(Bäcker u. Handelsmann) |

| 25.12. | **Holtzberger**, Hans Ernst (Ww., Holzhauer) | **Gleichmann**, Catharina
Wwe. des Steg, Peter
(Bergmannn) |

| 25.12. | **Höne**, Erhard (Drechsler)
V: Höne, Heinrich | **Bergmann**, Maria Liese
V: Bergmann, Hans Caspar +
(Kannenmacher) |

1709

| ? | **Flüche**, Hans Ernst (Bergbursch)
V: Flüche, Hans + | **Werner**, Maria Magd.
V: Werner, Simon
(Nagelschmied) |

| **?** | **Stieglitz**, Christopff (Bergmann)
V: Stieglitz, Liboriy
(Bergmann) | **Gödecke**, Maria Liese
V: Gödecke, Heinrich
(Handelsmann) |

| ? | **Trute**, Joh. Christ. (Bergmann)
V: Trute, David +
(Nagelschmied) | **Thons**, Dorothea Cath.
V: Thons, Peter +
(Untersteiger) |

| 02.04. | **Höne**, Heinrich Burchard (Grubensteiger)
V: Höne, Jürgen | **Wiegand**, Doroth. Margaret
V: Wiegand, Hans
(Schachtsteiger) |

| 02.04. | **Satzen**, Hans Heinrich (Zimmergesell)
V: Satzen, Heinrich
(Einwohner in Elbingerode) | **Köhler**, Ursula Margareth.
V: Köhler, Jürgen
(Köhlermeister) |

02.04. **Satzen**, Hans Heinrich (Zimmergesell)
V: Satzen, Heinrich
(Einwohner in Elbingerode)

Köhler, Ursula Margareth.
V: Köhler, Jürgen
(Köhlermeister)

28.04. **Spengeler**, Hans Jürgen (Ww., Bergmann)

Holland, Catharina Margareth
V: Holland, Mathias +
(Bergmann in Zellerfeld)

12.05. **Hagedorn**, Hans (Ww., Bergschmied)

Fricke, Catharina
V: Fricke, N.
(Bötticher)

12.05. **Fischer**, Peter (Ww., Bergmann)

Lotzen, Catharina Margareta
V: Lotzen, Hans Thomas +
(Bergmann in Clausthal)

22.05. **Bergmann**, Hans (Bergmann)
V: Bergmann, Zacharias +
(Bergmann)

Hadeler, Anne Liese
V: Hadeler, N. + (Fleischer)

P.
22.05. **Hille**, Christoff (Fuhrmann)
oo in Altenau
V: Hille, Hans Caspar
(Abtreiber auf der Altenauer
Silberhütte)

Stieber, Anna Margaret.
V: Stieber, Jacob +
(Maschenbläser)

22.05. **Morgenstern**, Johan Balzer (Ww., Bergmann)

Fuchs, Anne Barbe
V: Fuchs, Hans Valten +
(Maschenbläser)

09.06. **Bock**, Hans Jürgen (Ww., Hufschmied)

Trost, Cath.
V: Trost, Hans +
(Ackermann in Ellrich)

09.06. **Butler**, Hans (Mollenhauer)
V: Butler, Jürgen +
(Mollenhauer)

Störmer, Anna Maria
V: Störmer, August
(Zimmermann)

16.06. **Schwachheim**, Ernst Georg (Ww.)

Trost, Anna Cath.
Wwe. des Otte, Christian,
(Obermüller)

16.06. **Kirsch**, Heinrich Math. (Bergmann)
V: Kirsch, Bartold
(Bergmann)
(Grubensteiger)

Kage, Anna Maria
Wwe. des Erd. Michel

P.

21.07.	**Rosenberger**, Hans Caspar (Knochenhauermeister)	**Hertzer**, Anna Magd.
	oo in Altenau	V: Hertzer, Capsar
	V: Rosenberger, Caspar, sen.	(Knochenhauermeister i. Altenau)
	(Knochenhauermeister)	

04.08. **Schlick**, Christian Barth.
V: Schlick, Georg Caspar +

Leifheit, Anna Margret
V: Leifheit, Heinrich +

07.08. **Danneberger**, Hans Ernst (Ww., Obersteiger)

Deichmann, Magdalene Cath.
Wwe. des Weber, Johan Georg
(Schützer)

10.09. **Fischer**, Johan Simon (Handlesmann)
V: Fischer, Michel +
(Handelsmann)

Stegmann, Rosina Catharina
V: Stegmann, Caspar +
(Sen. in Nordhausen)

13.10. **Gesell**, Christopff Andreas (Handelsmann)
V: Gesell, Johan Georg +
(Messerschmiedmeister in Gotha)

Hoppe, Dorth. Maria
V: Hoppe, Hans +
(Zimmermeister)

03.11. **Holtzäpfel**, Bartholdus (Bergmann)
V: Holtzäpfel, Hans Heinrich
Nagelschmied in Benneckenstein

V: Brauer, Maria Engel
V: Brauer, Christopff
Bergmann

06.11. **Müller**, Joahn Justus (Pastor in Sieber)
V: Müller, Ernst
(Brauer in Osterode)

Meier, Anna Auguste
V: Meier, Diderich +
(Stadtrichter)

10.11. **Herberger**, Joh. Christian (Bergmann)
V: Herberger, Hans +
(Bäckermeister)

Fischer, Mag. Cath.
V: Fischer, Heinrich
(Zimmermeister)

P.

17.11. **Baum**, Thomas (Handelsmann)
oo in Lauterberg
V: Baum, Hans
(Handelsmann)

Reinhausen, Anna Margareta
V: Reinhausen, Hans
(Sattler in Lauterberg)

01.12. **Stieber**, Gabriel Friederich (Bergmann)
V: Stieber, Jacob +
(Maschenbläser)

Klingsörels, Anne Liese
V: Klingörels, Hans
(Obersteiger)

28.12. **Walter**, Johan Peter (Nagelschmied)
V: Walter, Peter +
(Nagelschmied)

Ernst, Elisabeth
V: Ernst, Hans
(Nagelschmied)

29.12. **Hum**, Zacharias (Bergmann)
V: Hum, Valentin +
(Puchsteiger in Clausthal)
(Nagelschmied)

Trüter, Regine Marg.
V: Trüter, David +

P.
29.12. **Hertzer**, Georg Caspar (Bergmann)   **Holzäpffel**, Cath. Marg.
oo in Benneckenstein   V: Holtzäpfell, Hans Heinrich
V: Hertzer, Georg   (Nagelschmied i. Benneckenst.)
(Handelsmann)

1710
04.05. **Obenauff**, Johan Michel (Bergmann)   **Riecken**, Anna Maria
V: Obenauff, Jürgen   V: Riecken, Caspar
(Bergmann)   (Grubensteiger)

P.   **Pfeiffer**, Casüar (Ww.)   **Wagener**, Maria Elisabeth
oo in Altenau   V: Wagerner, Nicolai +
                                                (Ratsverwandter in Altenau)

03.06. **Tost**, Hans Valten (Ww., Bergmann)   **Binnewieß**, Sophia Margarethe
                                                (Wwe. des König, Georg
                                                Nagelschmied)

01.07. **Hoppe**, Hans Andreas (Bergmann)   **Grabel**, Anna Barbe
V: Hoppe, Hans +   V: Grabe, Conrad +
(Zimmermann)   (Handelsmann)

08.07. **Kohlemann**, Friederich Justus   **Hederich**, Cath. Liese
(Schmelzer auf der Silberhütte)   V: Hederich, Hans +
V: Kohlemann, Blasii +   (Hammerschmied in Ilsenburg)
(Hüttenschreiber auf der Oder(Hütte))

P.
08.07. **Hederich**, Johan Tobias (Ww.)   **Burchardt**, Anna Margaret
(Hammerschmiedemeister auf der Oder(Hütte))   Wwe. des Lampe, Andreas
oo in Tanne   Zimmermann auf der Oder(Hütte)

21.07. **Stolte**, Christopff (Bergmann)   **Gercke**, Maria
V: Stolte, Jürgen +   V: Gercke, Hans +
(Müller in Breitenbach b. Sperrberg)   (Nagelsdhmied)

22.07. **Seidell**, Hans Michel (Bergmann)   **Minterlein**, Cath. Liese
V: Seidel, Baltzer +   V: Minterlein, N. +
(Maurer)   (Bergmann)

18.08. **Zimmer**, Christopff   **Hoffmeister**, Maria Margarethe
                                                („...haben vorher ein Kind
                                                gezeuget..")

P.
18.08. **Fuchs**, N. (Bergmann)   **Schleiden**, N.
oo 24.08. in Lauterberg   V: Schleiden, N. +
V: Fuchs, N.   (Lehrer in Herzberg)
(Kupfergarmacher)

18.09.	**Happe**, Thile Heinrich V: Conrad Happe (Schichtmeister, Forstbedienter in Zellerfeld)	**Bulman** geb. **Wilke**, Christina Wittwe des Bulman, Peter + (Hüttengewerke in Lonau)
13.10.	**Seidel**, Hans Carel (Bergbursch, außer Ehe gezeuget)	**Hentzmann**, Catharina Elisabeth V: Hentzmann, Hans Heinr. (Bergmann)
27.10.	**Köhler**, Johan Friederich (Fuhrknecht) V: Köhler, Hans (Bergmann in Zorge)	**Vogel**, Susanna Marg. V: Vogel, Andreas + (Siebmacher in Hohegeiß)
06.11.	**Kutscher**, Heinrich Andreas (Bergmann) V: Kutscher, Heinrich + (Miniermeister unter den Berneburg)	**Fuchs**, Maria Doroth. V: Fuchs, Hans (Schustermeister)
19.11.	**Werkmeister**, Johan Dieterich (Hüttenschreiber der Oder(Hütte)) V: Werkmeister, Victor + (Cantor in Quedlinburg)	**Kolhase**, Susanne Margarethe V: Kohlhase, Heinrich (Hüttenmeister)
25.11.	**Weiß**, Christopff (Ww., Bergmann)	**Jungnickel**, Doroth- Cath. V: Jungnickel, Jürgen + (Bäcker)
P. 23.11.	**Lohrengel**, Andreas Caspar (Hirte) oo in Scharzfeld V: Lohrengel, N.N.	**Vonhoff**, Catharina Liese V: Vonhoff, Peter (Licentschreiber in Scharzfeld)
27.11.	**Weber**, Hans Valentin (Bergmann) V: Weber, Valentin (Bergmann)	**Marhenke**, Cath. Liese V: Marhenke, Hans Jacob (Hirte)
01.12.	**Schrader**, Magnus (Ww., Bergmann)	**Schaumann**, Anna Magdalene V: Schauman, Jürgen (Leineweber in Hattorf)
29.12.	**Klingsörell**, Caspar Christopff (Ww., Zimmermann)	**Klaproth**, Elisabeth Cath. V: Klaproth, Hans + (Einwohner in Hattorf)
29.12.	**Jungnickel**, Hans Jürgen (Bäckermeister) V: Jungnickel, Jürgen + (Bäcker)	**Heideler**, Anne Barbe V: Heideler, Gregor (Knochenhauermeister)
30.12.	**Spengeler**, Hans Jürgen (Bergmann) V: Spengeler, Hans Jürgen (Bergmann)	**Eggelmann**, Maria Magdalene V: Eggelmann, Heinrich + (Abtreiber auf der Silberhütte)

1711

20.01.	**Führer**, Engelhard (Förster in Osterode) V: Führer, Samuel + (hochf. Hofjäger)	**Mund**, Anna Maria V: Mund, Jost (Leutnant)
26.01.	**Löven**, Bernhard Otto (Bergmann) V: Löven, Hans, Clausthal +	**Lehmann**, Frone Margaret V: Lehmann, Hans Heinrich + (Koch zu Herzberg)
12.02.	**Krüger**, Christian Peter (Nagelschmied) V: Krüger, Peter, (Gastwirt in Nienburg)	**Lüddeken**, Ortie V: Lüddeken, Heinrich + (Leineweber zu Lauterberg)
17.02.	**Bock**, Johann Adam (Bergbursch) V: Bock, Heinrich, Grubensteiger (Gastwirt in Nienburg)	**Störmer**, Anna Magdalena V: Störmer, August (Zimmermann)
26.04.	**Breitenbach**, Johann Georg (Hufschmiedemeister auf der Oderhütte) oo in Blankenburg	**Schmantebier**, Elisabeth V: Schmantebier, Hans (Fuhrmann in Blankenburg)
12.05.	**Reichard**, Johann Heinrich (Bergmann) V: Reichard, Hans Ernst (Arbeiter auf der Silberhütte)	**Schlösser**, Johanne Maria V: Schlösser, Michel (Büttner)
17.05.	**Keßel**, Heinrich (Ww.) (Handelsmann) oo in Herzberg	**Rautenbusch**, Anna Margaretha V: Rautenbusch, Horst (Ackermann in Wulften)
24.05.	**Bornkessel**, Heinrich Andreas (Hammerschmied auf der Oderhütte) oo in Elbingerode V: Bornkessel, Andreas + (Hammerschmied auf Elbingeröder Eisenhütte)	**Glüß**, Ortia Maria V: Glüß, Andreas (wohnt auf Lucashof)
28.06.	**Halbrodt**, Hans Jürgen (Bäckermeister) V: Halbrodt, Elisas (Bäcker)	**Rath**, Maria Sophia V: Rath, Andreas + (Ackermann in Scharzfeld)
25.06.	**Wiegand**, Hans Thomas (Bergmann) V: Wiegand, Hans, Grubensteiger	**Bock**, Anne Liese V: Bock, Hans Jürgen, (Hufschmied)
04.08.	**Bergmann**, Michel (Ww., Bergmann)	**Mindels**, Margaret Lucia V: Mindels, Hans (Hufschmied)

P.
04.10.	**Großcurdt**, Christoph (Hufschmied)	**Lehmann**, Anna Maria
	oo 15.10.	
	V: Großcurdt, Heinrich +	V: Lehmann, Niclaus
	(Knochenhauer in Dransfeld)	(Hufschmiedemeister)

05.11. **Meier**, Heinrich   **Vogd**, Ortie Liese
        V: Meier, Heinrich Ernst +
        (Bergmann)

10.11. **Bärmann**, Johan Just   **Meinecke**, Ilse Catharina
        V: Bärmann, Hans Peter +   V: Meinecke, Johann Michel +
        (Untersteiger in Clausthal)   (Obersteiger in Grund)

P.
08.11. **Minterlein**, Heinrich Michael (Bergmann)   **Sievert**, Margareth Elisabeth
        oo 12.11 in Salzthal
        V: Minterlein, Hans + (Mollenhauer) V: Sievert, Andreas, +
                                             (Hufschmied in Veltheim)

19.11. **Bergmann**, Hans Jürgen (Bergmann, Puchsteiger)   **Gödecke**, Anne Barbe
        V: Bergmann, Heinrich +   V: Gödecke, Hermann Georg
        (Grubensteiger)   (Kirchenvorsteher)

19.11. **Gieseke**, Ferdinand Gabriel (Bergmann)   **Herberger**, Magd. Elisabeth
        V: Gieseke, Johan, +   V: Herberger, Thomas
        (Handelsmann in Ilsenburg)   (Bäckermeister)

01.12. **Lerche**, Rudolf August (Pastor z. Trautenstein)   **Kessel**, Dorothea
        V: Lerche, Johann Heinrich +   (*St. Andreasberg 22.11.1693)
        (Pastor zu Hasselfeld)   V: Kessel, Thomas, Handelsmann
        [zu Familie Lerche siehe Deutsches Geschlechterbuch,
        Band Niedersachsen 12]

P.
20.12. **Henze**, Johann Heinrich (Schuster in Einbeck)   **Stein**, Catharina Maria
        oo in Einbeck   V: Stein, Johann Heinrich
        V: Henze, Hermann,   (Goldschmied in Goslar)
        (Schustermeister in Einbeck)

20.12. **Hofmann**, Daniel Math.   **Spormann**, Anna Sophia
        V: Hofmann, Paul,   V: Spormann, Jürgen
                                             Hammerschmied auf dem
                                             Königshof)

1712
07.01. **Rudolff**, Johann Christian (Ww., Bergmann)   **Wauns**, Anna Margaretha
                                             V: Wauns, Lorenz +
                                             (Brenner auf hiesiger Eisenhütte)

P.

20.01. **Drochsfeld**, Johan Friederich (Cantor)
V: Drochsfeld, Balthasar
(Schuldiener zu Milverstedt/Thür)

Michaelis, Anna Elisabeth
V: Michaelis, Andreas, (Münzer
zu Zellerfeld)

31.03. **Fischer**, Joh. Friedr. (Grubensteiger i Clausthal)
V: Fischer, Caspar
(gewesener Bergmann zu Ilmenau)

Bock, Catharina Liese Ww Horre
V: Bock, Heinrich,
(Berggeschworener)

12.04. **Nabel**, Wolf Heinrich
V: Nabel, Andreas
(Bergmann zu Clausthal)

Vogd, Anna Mag.
V: Vogd, Hans Jürgen
(Bergmann)

19.04. **Rauschert**, Johan Jürgen (Bergmann)
V: Rauschert, Tobias +
(Bergmann zu Clausthal)

Sieverts, Clara Cath.
V: Sieverts, Christoph, Bergmann

28.04. **Prössel**, Jürgen Andreas (Ww., Bergmann)

Becker, Clara Margaret
V: Becker, Marcks (Hufschmied
in Benneckenstein)

03.05. **Polstorff**, Thomas (Organist und Schuldiener)
V: Polstorff, Nicolai
(Organist und Schuldiener)

Bonitz, Anna Justine
V: Bonitz, Johan Georg +
(Ratsverwandter in Zellerfeld)

14.07. **Hopmann**, Caspar Ludewig
V: Hopmann, Michel +
(Gerber)

Kutscher, Maria Luise
V: Kutscher, N. (Maschenbläser)

02.08. **Langschmidt**, Justus Hennig
(Pastor prim. zu Elbingerode)
V: Langschmidt, Levin Burchard +
(Kurfürstl. Hofprediger u. Consistorial)

Stisser, Maria Catharina
V: Stisser, Johann Friedrich
(Pastor in St. Andreasberg)

08.08. **Sommer**, Johan Michel (Bergmann)
V: Sommer, Michel
(Bergmann)

Bartels, Anna Catharina
V: Bartels, Joh. (Handelsmann
in Goslar)

15.09. **Leonhard**, Otto Friedrich
(Apotheker in Mengeringhausen/
Grafschaft Waldeck)
V: Leonhard, Jacob
(Amtmann zu Eisenberg)

Koch, Sophia Margaretha
V: Koch
(Apotheker in St. Andreasberg)

06.10. **Pfannenschmidt**, Georg Thomas (Schuldiener)

Thielen, Christina
V: Thielen, Johan Andreas +
(Rektor Stadtschule St.
Andreasberg)

03.11.	**Borstedt**, Mathey (Rad- und Stellmacher) V: Borstedt, Caspar (Ackermann in Wollmiersleben)	**Polstorff**, Ilse Catharine V: Polstorff, Thomas + (Fuhrherr)
03.11.	**Höne**, Andreas (Bergbursch) V: Höne, Jürgen	**Stedten**, Anna Elisabeth V: Stedten, Christoph (Bergm.)
08.11.	**Holtborn**, Hans Caspar (Fuhrmann)	**Körner**, Catharina Liese V: Körner, Dietrich (Ackermann in Barbis)
10.11.	**Sauerbrei**, Zacharias Bodo (Bergmann) V: Sauerbrei, Hans Jürgen + (Eisengeschworener in Clausthal)	**Kieser**, Anne Barbe V: Kieser, Michel+ (Bergmeister)
10.11.	**Kutscher**, Jürgen Christoph (Bergmann) V: Kutscher, Hans Caspar + (Bergmann)	**Wohn**, Anna Elisabeth V: Wohn, Peter Barthold (Einwohner in Hattorf)
17.11.	**Palm**, Hans Michel (Grubensteiger) V: Palm, Hans Valten (Grubensteiger)	**Bergmann**, Catharine Liese V: Bergmann, Andreas (Grubensteiger)
P. 22.11.	**Deichmann**, Hans Michel (Ww., Zimmermann) oo in Herzberg	**Ziets**, Ortie Catharine V: Ziets, Christoph (Hofbäckermeister in Herzberg)
24.11.	**Gödecke**, Johann Christ. (Bergmann) V: Gödecke, Heinrich	**von Nüssen**, Anna Maria V: von Nüssen, Mathias (Handelsmann)
24.11.	**Schröder**, Johann Zacharias (Bergmann) oo in Herzberg V: Schröder, Michel + (Puchsteiger in Clausthal)	**Tippen**, Anna Elisabeth V: Tippen, Gabriel (Bürger in Harzgerode)
29.11.	**Hertzer**, Heinrich Matt. (Fenstermacher) V: Hertzer, Jürgen (Reisemann)	**Dantz**, Catharina Margret V: Dantz, Andreas + (Reisemann)
29.11.	**Freitag**, Andreas (Schmelzer) V: Freitag, Andreas + (Hammerschmied in Sorge)	**Bauermeister**, Ortie Liesel V: Bauermeister, Engelhard (Schuster in Bockelnhagen)
29.11.	**Kiesewitter**, Christoph (Bergmann) V: Kiesewitter, Hans Heinrich (Bäckermeister)	**Holtzborn**, Dorothea Magdalene V: Holtzborn, Chris. (Fuhrherr)

28.11.	**Engelhard**, Hans (Ww., Hüttenmann)	**Köhler**, Anna Liese V: Köhler, Andreas (Hammerschmied auf der Oderhütte)

1713

03.01.	**Weiß**, Thomas (Bergmann) V: Weiß, Valentin +	**Frehland**, Catharina Elisabeth V: Frehland, Christoph (Köhlermeister in Lonau)
26.01.	**Hönen**, Elisas Zacharias (Bergmann) V: Hönen, Christoph (Bergmann)	**Dantze**, Catharina Margareth V: Dantz, Hans Caspar (Fenstermacher)
30.01.	**Von Nüssen**, Martin Andreas V: von Nüssen, Andreas, Handelsmann	**Pfeiffer**, Anna Margaretha V: Pfeiffer, Joh. Georg (Fuhrherr)
06.02.	**Fischer**, Hans (Ww., Zimmermeister)	**Weißleder**, Catharina V: Weißleder (Fuhrmann in Clausthal)
09.02.	**Sticken**, Burchard (Bergmann) V: Sticken, Heinrich (Köhler)	**Obenauff**, Dorothea Maria V: Obenauff, David (Puchsteiger)
21.02.	**Mülhan**, Hans Martin (Bergmann) V: Mülhan, Zacharias (Bergmann in Wickerode(LK Südharz))	**Francke**, Orthia Liese V: Francke, Hieronymus
23.02.	**Müller**, Johan Andreas (Bergmann) V: Müller, Jacob + (Schuster)	**Gödeken**, Magdalena Maria V: Gödeken, Heinrich
19.04.	**Büttler**, Elisas (Hüttenmann) V: Büttler, Jürgen +	**Nickels**, Elisabeth V: Nickels, Valentin (Bergmann zu Braunlage)
19.04.	**Früchtiger**, Hans Jürgen (Nagelschmied) V: Früchtiger, Christoph Einwohner in Dessau	**Künholtz**, Cath. Elisabeth V: Künholtz, Christoph+ (Bergmann)
25.04.	**Holfberger**, Johann Michel (Bergmann) V: Holfberger Caspar Michel (Köhler)	**Haberlandt**, Anna Catharina V: Haberlandt, Christian+ (Bergmann)
27.04.	**Franke**, Hans Jürgen (Korntreiber) V: Franke, Hans (Korntreiber)	**Grübels**, Anne Liese V: Grübels, Horst Jürgen (Handelsmann)

02.05.	**Haberland**, Johan Christian	**Stressing**, Anna Magd.
02.05.	**Neumersen**, Johan Adam (Förster a. d. Königshof) V: Neumersen, Burchard (Förster auf dem Königshof)	**Werner**, Cath. Liese V: Werner, Johan Heinr. (Förster)
09.05.	**Flechsing**, Thomas Bernd (Ww., Bergmann)	**Kasten**, Cath. Margaretha V: Kasten, Martin (Bergmann)
11.05.	**Minterlein**, Johann Christoph (Bergmann) V: Minterlein, Hans (Mollenhauer)	**Keßel**, Anna Barbe V: Keßel, Heinrich
14.05.	**Bachrodt**, Georg Julius (Handelsmann in Sondershausen) V: Bachrodt, Joh. Soloman (Handelsmann in Sondershausen)	**Heider**, Anna Maria V: Heider, Friedrich Julius (Meister)
22.05.	**Sauerbrei**, Johann Friederich (Ww., Schäfer)	**Langer**, Maria Cath. Wwe. d. Reimann, Christoph (Braumeister)
29.05.	**Helwieg**, Johan Nicol. (Zimmermann) V: Helwieg, Andreas Bertold (Zimmermeister in Braunschw.)	**Ebeling**, Dorothea Margarethe V: Ebeling, Hans Heinrich (Holzhauer)
30.05.	**Kirsch**, Johan Bartold (Bergmann) V: Kirsch, Johan Barthold Bergmann	**Wiegand**, Anna Elisabeth V: Wiegand, Abraham (Bergmann)
08.06.	**Rörig**, Franz Benedik (Zimmermann) V: Rörig, Andreas Wilhelm (Zimmermeister)	**Preuß**, Anna Cath. V: Preuß, Martin (Grubensteiger)
13.06.	**Hoppelmann**, Mathias (Ww.) (Drechslermeister in Halberstadt)	**Häger**, Anna Maria V: Häger, Hans Jürgen+ (Bergmann)
23.06.	**Kutscher**, Hans Jürgen	**Bock**, Ortie Liese
17.08.	**Kahle**, Johan Andreas (Bergmann) V: Kahle, Heinrich + (Bergmann)	**Deichmann**, Anne Barbe V: Deichmann, Andreas + (Maschenbläser)
29.08.	**Deichmann**, Jost (Ww.)	**Fischer**, Anna V: Fischer, Caspar (Braumeister in Bleicherode)
28.09.	**Gerke**, Hans Michel (Bergbursch)	**Preuß**, Anna Liese V: Preuß, Matthias. (Bergmann)

28.09.	**Hoppe**, Hans Jürgen (Bergbursch) V: Hoppe, Hans Jürgen (Bergmann)	**Walter**, Anna Magdalene V: Walter Hans Jürgen (Nagelschmied)
21.09.	**Kehr**, Just Heinrich V: Kehr, Hans (Bergmann in Wildemann)	**Wolters**, Magdalena Sophia V: Wolters, Nicoley (Bergmann)
26.10.	**Stedte**, Hans Simon (Bergmann) V: Stedte, Christoph (Bergmann)	**Arens**, Anna Maria V: Arens, Hans (Pucher)
31.10.	**Schmidt**, Johan Heinrich (Bergmann) V: Schmidt, Johan Balthasar + (Grubensteiger)	**Sieverts**, Catharina Margaretha V: Sieverts, Christ. (Bergmann)
03.11.	**Sternberg**, Bernhart (Bergmann) V: Sternberg, Heinrich (Bergmann in Wildemann	**Schwanhäuser**, Anne Barbe V: Schwanhäuser, Philip (Bergmann)

P.

29.10.	**Hoiendorf**, Ernst (Ww., Sägemüller auf der Oder) oo in Braunlage	**Fuchs**, Marlene Barbe V: Fuchs, Libing (Nagelschmied in Braunlage)
20.11.	**Horre**, Friederich Michel (Abtreiber auf hiesiger Silberhütte) V: Horre, Heinrich Eckard (Handelsmann)	**Hedemann**, Maria Margaretha V: Hedemann, Jörg Heinrich (Stadtschreiber in Altenau u. hiesiger Schichtmeister)
20.11.	**Geier**, Johan Valentin (Bergmann) V: Geier, Hans Jürgen (Bergmann in Clausthal)	**Gretlein**, Dorothea Maria V: Gretlein, Hans (Schustermeister)
23.11.	**Eccard**, Christian Matthias (Bergmann) V: Eccard, Hans Hirte zu Clausthal	**Zwinkmann**, Anna Margaretha V: Zwinkmann, Hans (Leineweber)
23.11.	**Vogel**, Daniel (Ww., Bergmann)	**Wellner**, Anna Catharina V: Wellner, Jacob (Büttnermeister)
30.11.	**Otte**, Heinrich Mathias (Bergmann in Lautenthal) V: Otte, Bartold Christoph (Untersteiger in Lautenthal)	**Schmidt**, Magdalena Elisabeth V: Schmidt, Johann (Ratsdiener)

1714

02.01. **Breitsohl**, Jürgen Andreas (Bergmann)   **Höhne/Höne**, Anna Liese
V: Breitsohl, Just   V: Höhne/Höne, Jürgen
Grubensteiger in Clausthal

P.
13.01. **Polstorff**, Georg Christoff (Handelsmann)   **Rühle**, Anna Christina
oo in Northeim   Wwe. d. Rühle, Carl Philipp

25.01. **Bergmann**, Johan Michel (Bergmann)   **Hetschel**, Anna Sophia
V: Bergmann, Hans Jürgen   V: Hetschel, Elisas
(Grubensteiger)   (Wollenweber)

29.01. **Fischer**, Hans Thomas (Zimmermann)   **Fischer**, Catharina Margarete
V: Fischer, Hans   V: Firscher, Valentin
(Zimmermeister)   (Eisensteiner)

12.02. **Breitenbach**, Jürgen Jacob (Bergschmied)   **Brauer**, Anna Maria
V: Breitenbach, Heinrich   V: Brauer, Christoph (Bergmann)
(Nagelschmied)

12.02. **Schubbart**, Johan Zacharias (Bergmann)   **Bär**, Margarethe
V: Schubbart, Jürgen Philip   V: Bär, Barth. (Bergmann)
(Bergmann in Clausthal)

17.02. **Schneider**, Julius (Hüttenarbeiter)   **Nolle**, Maria Dorothea
V: Schneider, Andreas   V: Nolle, Nicl.
(Hochöfner in Zorge)

04.04. **Otte**, Abraham (Bergmann)   **Köler/Köhler**, Anna Ortie
V: Otte, Hans +   V: Köler/Köhler, Andreas, +
(Bergmann in Clausthal)   (Hammerschmiedemeister auf der Oder(hütte))

04.04. **Francke**, Christian (Korntreiber)   **Grübel**, Maria Elisabeth
V: Franke, Andreas +   V: Grübel, Conrad
(Handelsmann)

10.04. **Hoyer**, Johann Heinrich (Ww., Bergmann)   **Wolter**, Anna Barbe
Wolter, Hans + (Handelsmann)

16.04. **Zwingmann**, Thomas Bernd   **Eckardt**, Ortie Liese

18.04. **Schmidt**, Johan Peter (Bergmann)   **Preuß**, Anna Gottlieb
V: Schmidt, Gottfried   V: Preuß, Hans Friedrich
Bergmann   (Schmelzer)

25.04. **Jordan**, Heinr. Julius (Brenner auf der Silberhütte)   **John**, Sybilla Margarete
V: Jordan, Ernst   V: John, Andreas (Bergschmied)
(Knochenhauer in Osterode)

11.05.	**Waun,** Caspar V: Waun, Andreas (Holzhauer)	**Marcks,** Emerentia V: Marcks, Valentin (Bergmann)
12.06.	**Gerberling,** Conrad (Frischer auf der Oderhütte) V: Gerberling (Rinderhirt in Lauterberg)	**Bartram,** Anna Christina V: Bartram, Heinrich, (Fuhrmann auf den Elbingerödischen Hütten)
26.06.	**Grösch,** Hans Zacharias (Bergmann) V: Grösch, Horst Paul (Waldmann)	**Rosen,** Catharina Maria V: Rosen, Paul (Fuhrmann)
03.07.	**Hering,** Johan Heinrich (Schneidermeister) V: Hering Adolf Heinrich +	**Hille,** Maria Magdalena V: Hille, Georg Christoph (Ratsverwandter in Altenau)
11.07.	**Keil,** Johann Adam (Bergmann in Breitenbrunn) V: Keil, (Fuhrmann in Breitenbrunn)	**Humm,** Dorothea Elisabeth V: Humm, Hans Bartold (Bergmann)
16.07.	**Steck,** Johann Thomas (Bergmann) V: Steck, Christoff + (Nagelschmied)	**Rosenberger,** Anna Margaretha V: Rosenberger, Caspar, (Meister und Kirchenvorsteher)
06.08.	**Künling,** Hans Georg (Nagelschmiedgesell)	**Ernst,** Maria Dorothea
10.09.	**Libenau,** Johan Christian (Fuhrmann) V: Libenau, Hans Andreas (Fuhrmann in Wieda)	**Hauck,** Anna Maria V: Hauck, Simon (Bergmann)
P. 16.09.	**Köhler,** Johan Valentin (Köhler) oo in Braunlage V: Köhler, Hans Jürgen, Köhlermeister	**Holland,** Dorothea V: Holland, Libeny (Köhlermeister)
01.10.	**Deichmann,** Thomas Christian (Ww.)	**Wollberger,** Ilse Dorothea Wwe. d. Erhard, Adam (Braumeister in Osterode)
P. 30.10.	**Zieche,** Erich (Wachtmeister d. Landgrafen von Hessen) oo 19.10. in Lauterberg V: Zieche, Erich (Knochenhauer in Lauterberg)	**Gödecke,** Anna Liese Wwe. d. Hans Jürgen Herbst (Meister)
P. 07.10.	**Berkefeldt,** Johann Peter (Bergmann) oo in Clausthal V: Berkefeldt, Heinrich (Bergmann)	**Strauch,** Sophia Elisabeth V: Strauch, Georg (Obersteiger in Clausthal)

18.10.	**Wedeler**, Christoff (Bergmann) Wedeler, Mathias	**Reichard**, Maria Catharina V: Reichard, Hans Ernst (Hüttenarbeiter)
P. 21.10.	**Weber**, Christoph Andreas (Pastor in Etzelsrode u. Schiedungen) oo in Zellerfeld V: Weber, Johann Christian + (Schulkollege in Nordhausen)	**Reichart**, Dorothea Catharina Wwe. d. Schorles, Christoph (Ratsherr u. Berggeschworener)
05.11.	**Wellner**, Heinrich Zacharias V: Wellner, Jacob (Köhlermeister)	**Bergmann**, Anna Margaretha V: Bergmann, Andreas (Grubensteiger)
P. 04.11.	**Grim**, Heinrich Conrad (Gastwirt in Hohegeiß) oo in Hohegeiß V: Grim, Andreas + (Schulze in Hohegeiß)	**Kutscher**, Catharina Elisabeth V: Kutscher, Andreas+ (Handelsmann)
P. 11.11.	**Erdmann**, Hans Michel (Hüttemann auf der Oder(Hütte)) oo 19.11. in Braunlage V: Erdmann, Jacob (Flößer)	**Pauls**, Maria Agnes V: Pauls, Valentin (Sägemeister in Braunlage)
11.11.	**Trute**, Heinr. Andreas (Löffelmacher in Hohegeiß) V: Trute, Horst (Löffelmachemeister in Hohegeiß)	**Theuerkauf**, Anna Cathar. V: Theuerkauf, Hans Jürgen (Bäckermeister in Goslar)
29.12.	**Franke**, Christoph (Bergmann) V: Franke Martin	**Schlamilch**, Catharina Magdal. V: Schlamilch, Johann Hermann (Böttcher in Elbingerode)

1715

07.02.	**Schlösser**, Andreas (Bergmann) V: Schlösser, Michel + (Bergmann)	**Weber**, Anna Maria V: Weber, Valentin (Bergmann)
P. 17.02.	**Hetschel**, Michel Diterich oo in Clausthal V: Hetschel, Elisas (Ratsverwandter u, Kirchenvorsteher)	**Meyer**, Margaretha Elisabeth V: Meyer, Georg (Schneidermeister in Clausthal)

13.02.	**Zizler**, Heinrich Ludolph (Jurist und Advocat in Osterode) V: Zizler, Johann Heinrich + (Brauer in Osterode)	**Hartmann**, Johanna Dorothea V: Hartmann, Tobias Friedrich (Kämmerer u. Stadtschreiber)
06.03.	**Herbst**, Johann Friedrich (Tischler) V: Herbst, Hans Jürgen + (Meister)	**Störmer**, Susanna Elisabeth V: Störmer, Hans Caspar (Zimmermeister)
29.04.	**Sander**, Johan Heinrich	**Schlamelcher**, Catharina Liese
02.05.	**Fischer**, Friedrich (Ww., Untersteiger)	**Prößel**, Sophia Elisabeth V: Prößel, Johann Christoph + (Abtreiber)
14.05.	**Gläsener**, Christian Andreas (Untersteiger) V: Gläsener, Caspar + (Berggeschworener in Clausthal)	**Mülhan**, Anna Catharina V: Mülhan, Georg Nicolay (Vicebergmeister)
15.05.	**Pfaff**, Zacharias Juliy (Hüttenmeister zu Altenau) V: Pfaff, Philipp (Steiger in Laut. [Lautenthal oder Lauterberg])	**Meinberg**, Catharina Sophia V: Meinberg, Sebastian (Ratskämmerer u. Hüttenschreiber)
16.05.	**Spengeler**, Hans Christoph (Bergmann aus Nordesheim) V: Spengeler, Christoph (Hirte)	**Eggelmann**, Catharina Liese V: Eggelmann, Heinrich (Abtreiber)
12.06.	**Horre**, Hans Jacob (Ww., Bergmann)	**Fricke**, Catharina Liese V: Fricke, Matthias + (Bergmann)
25.06.	**Sprenger**, Andreas (Bergmann) V: Sprenger, Christoph (Hirte)	**Hoffmann**, Dorothea V: Hoffmann, Paul (Tischler)
23.07.	**Wunnenburg**, Johann Joachim (Bodenhäus. Gerichtsverwalter) zu Wülfingerode u. Solstädt V: Wunnenburg, Peter Wendeling Schneider zu Mestorf, (vermtl Messdorf im Salzlandkreis)	**Hartmann**, Helena Sophia V: Hartmann, Tobias Friedrich (Kammerarius u. Stadtschreiber)
25.07.	**Höne**, Johann Christoph (Bergmann) V: Höne, Christoph (Bergschreiber)	**Kutscher**, Anna Catharina V: Kutscher, Christ. (Bergmann)
06.08.	**Hormann**, Johann Christoph (Ww., Schneider)	**Becker**, Dorothea Elisabeth V: Becker, Hans Hermann (Schneidermeister in Ellrich)

08.08.	**Schrammen**, Christoph Ahrend (Bergmann) V: Schrammen, Andreas (Holzhauer)	**Schacht**, Dorothea Margaretha V: Schacht, Heinrich + (Hammerschmiedmeister in Wieda)
03.09.	**Boßen**, Johann Christian (Bergmann) V: Boßen, Andreas (Drechslermeister in Ellrich)	**Tuckermann**, Maria Magdalene V: Tuckermann, Zacharias, (Bergmann in Clausthal)
03.09.	**Buttler**, Zacharias (Bergmann) V: Buttler, Hans (Bergmann)	**Keidel**, Anna Magdalene V: Keidel, Christoph (Bergmann)
09.09.	**Püschelmeier**, Johann Jürgen	**Kutscher**, Christine Maria
09.09.	**Bode**, Andreas Christoph (Hüttenmann) V: Bode, Jost + (von Edemissen)	**Theuerkauf**, Agathe Liese, Wwe von Nüssen, Christian + (Handelsmann)
15.09.	**Wedemann**, Hans Valtin (Bergmann) V: Wedemann, Hans Jürgen (Bergmann)	**Schomburg**, Ortie V: Schomburg, Hans (Achtermann und Kirchenvorsteher in Bockelnhagen)
17.10.	**Wedeler**, Johann Michel (Bergmann) V: Wedeler, Mathias (Bergmann)	**Palm**, Anna Elisabeth V: Palm, Johann Valten (Grubensteiger)
P. 27.10.	**Heinzmann**, Hans Jürgen (Bergmann) oo in Harzburg V: Heinzmann Hans Heinrich (Bergmann)	**Kasten**, Maria Liese V: Kasten, Hans, (Communion-Salzmeister in Harzburg)
30.10.	**Lehmann**, Heinrich Nicolay (Bergschmied) V: Lehmann, Hans Heinrich + (Köhler in Herzberg)	**Werner**, Margareth Magdalene Wwe. d. Kern, Hans Ernst (Bergmann)
P. 27.10.	**Berkefeld**, Hans Michel (Bergmann) oo in Sieber V: Berkefeld, Christoph + (Bergmann)	**Rosenberger**, Anna Catharina V: Rosenberger, Hans Joachim (Hüttenarbeiter Einwohner in Königshof)

P.

10.11.	**Grim**, Andreas (Fuhrmann) V: Grim, Daniel (Vorsteher in Hohegeiß)	**Rosen**, Catharina Margarethe Wwe. d. Neumann, Daniel (Hüttenmann)

10.11. **Holland**, Zacharias (Fuhrmann)
in Mandelholz
V: Holland, Zacharias +
(Fuhrmann in Mandelholz)

Hoiendorff, Engel Dorothea
V: Hoiendorff, Ernst
(Schmelzermeister auf der
Oder(Hütte))

P.

10.11. **Neumecke**, Michel Martin (Blankschmied)
in Herzberg
V: Neumecke, Heinrich Ernst +
(Blankschmied in Herzberg)

Rosenberger, Anna Elisabeth
V: Rosenberger, Andreas
(Knochenhauermeister)

23.11. **Helwing**, Dietrich (Ww., Hüttenmann
in Wieda)

Wiegand, Catharina Maria
V: Wiegand, Balzer
(Grubenarbeiter)

27.11. **Volstedt**, Johan Conrad (Ww.
Berg- u. Zimmermann)

Gödeken, Anna Christina
V: Gödeken, Nicol
(Arbeiter)

27.11. **Geppe**, Hans Steffen (Bergmann)
V: Geppe, Peter (aus
Güsen bei Magdeburg)

Brüttler, Magdalene Dorothea
V: Brüttler, Hans (Bergmann)

27.11. **Wendeborn**, Christian (Bergmann)
von Wernigerode
V: Wendeborn, Hans Paul
(Grabensteiger)

Schmidt, Eva Maria
V: Schmidt, Hans Jochen
(Ratsdiener)

30.12. **Herberger**, Johann Christian (Ww., Bergmann)

Gerbers, Anna Elisabeth
V: Gerbers, Hans
(Hüttenarbeiter in Altenau)

1716

02. 01. **Billig**, Caspar Christian (Bergmann)
V: Billig, Hans Ernst
(Bergmann)

Abendroth, Dorothea Maria
V: Abendroth, Jürgen +

23.01. **Schmid**, Gottfried (Bergmann)
V: Schmid, Christoph
(Bergmann)

Minterlein, Anna Maria
V: Minterlein, N. (Bergmann)

28.01. **Georgi**, Friderich Jacob (Bergmann)
V: Georgi, Joseph (Ww.,
Müller in Schwarzburg)

Gerke, Anna Maria
V: Gerke, Andreas + (Ratsdiener)

25.02.	**Hum**, Georg Valentin (Bergmann) V: Hum, Leopold (Puchsteiger in Clausthal)	**Bär**, Dorothea V: Bär, Barthold (Bergmann)
25.02.	**Zimmer**, Andreas Leopold (von Clausthal)	**Bock**, Maria Liese (von Clausthal)
15.04.	**Holland**, Hans Jürgen (Fuhrherr zum Mandelholz) V: Holland, Hans + (Fuhrherr zum Mandelholz)	**Gerken**, Anna Elisabeth V: Gerken, Zacharias (Bergmann)
20.04.	**Röder**, Christian (Schustermeister) V: Röder, Johann Christian Schuster in Zellerfeld	**Kutscher**, Anna Margaretha Wwe. des Fuchs, Johan Gottfried (Meister)
30.04.	**Trübel**, Just Anton (Bergmann) V: Trübel, Johan Andreas + (Bergmann in Lautenthal)	**Weber**, Anna Margareta V: Weber, Valentin (Bergmann)
05.05.	**Holtzberger**, Johan Heinrich (Bergmann) V: Holtzberger, Hans Heinrich (Meister)	**Herbst**, Ortia Liese V: Herbst, Hans Jürgen + (Tischlermeister)
05.05.	**Holland**, Georg Christoph (Bergmann) V: Holland, Thomas + (Bergmann)	**Günthers**, Anna Catharina V: Günthers, Zacharias + (Schwarzfärber in Peine)
18.05.	**Morig**, Jacob (Ww., Rademachermeister)	**Berger**, Catharina Wwe. des Otten/Otte, Hans Jürgen (Müllermeister in Braunlage)
08.06.	**Stumm**, Hans Jürgen (Bergmann) V: Stumm, Hans Jürgen (Nagelschmied)	**Rosenbusch**, Catharina Magdal. V: (Name nicht genannt) (Handelsmann)
11.06.	**Seifert**, Heinrich Michel (Puchsteiger) V: Seifert, Thomas Michel (Oberpuchsteiger)	**Bock**, Anna Margarete V: Bock, Nicoley (Berg- und Hufschmied)
09.07.	**Morich**, Hans Jürgen (Bergmann) V: Morich, Andreas + (Nagelschmied)	**Schwanhäuser**, Anna Elisabeth V: Schwanhäuser, Philip + (Bergmann)
28.07.	**Haberland**, Michel (Bergmann) V: Haberland, Hans (Eisensteiner)	**Günther**, Anna Liese V: Günther, Hans (Grabensteiger, Grubensteiger ?)

17.09.	**Kutscher**, Johan Christoph (Bergmann) V: Kutscher, Hans Caspar (Bergmann)	**Zimmer**, Derothea Lucia V: Zimmer, Michel (Bergmann in Clausthal)
17.09.	**Fengeler**, Franz (Ww., Meister u. Bergmann)	**Pühler**, Anna Catharina V: Pühler, Heinrich + (Bergmann in Clausthal)
22.09.	**Uhr**, Johan Georg (Hüttenarbeiter) V: Uhr, Bestian + (Schustermeister in Altenau)	**Bergmann**, Catharina Elisabeth V: Bergmann, Hans Jürgen (Grabensteiger)
23.10.	**Förster**, Johan Peter (Furhknecht) V: Förster, Gabriel (Fuhrmann in Wieda)	**Bergmann**, Anna Dorothea
29.10.	**Seidel**, Hans Jürgen (Bergmann) V: Seidel, Beltzer + (Maurer)	**Lürs**, Sophia Elisabeth V: Lürs, Hans Jürgen (Ackermann in Scharzfeld)
29.10.	**Börner**, Andreas (Bergmann) V: Börner, Melcher + (Fuhrmann im Amt Stiege)	**Schlösser**, Anna Maria V: Schlösser, Hans Jürgen (Bergmann)
02.11.	**Walter**, Johan David (Hütten- u. Bergfuhrmann) V: Walter, Heinrich (Böttcher)	**Bock**, Anna Catharina Wwe. des Bauer, Johan Tobias (Fuhrmann)
05.11.	**Ernst**, Andreas (Nagelschmied) V: Ernst, Hans (Nagelschmied)	**Schwanhäuser**, Anna Christian V: Schwanhäuser, Jürgen (Bergmann)
05.11.	**Bock**, Johan Rudolf (Untersteiger) V: Bock, Heinrich (Berggeschworener u. Ratsverwandter)	**Pfeiffer**, Anna Catharina V: Pfeiffer, Joh. Georg (Fuhrherr)
12.11.	**Kast**, Heinrich Martin (Bergmann) V: Kast, Martin + (Bergmann)	**Freiberger**, Anna Sophia V: Freiberger, Paul (Gerichtsschöffe in Lindau)
12.11.	**Seyffert**, Just Andreas (Bergmann) V: Seyffert, Hans Caspar (Bergmann)	**Haberland**, Dorothea Maria V: Haberland, Heinrich, (Bergmann)

11.11.	**Fischer**, Caspar Christ. (Bergmann) V: Fischer, Heinrich (Berg- u. Zimmermeister)	**Langen**, Maria Magd. V: Langen, Hans + (Schafmeister in Osterode)
19.11.	**Bartels**, Hans Heinrich (Ww.) (Maurer u. Hüttenmann)	**Godeken**, Anna Elisabeth V: Gödeken, Justus+ (Braumeister)

P.

19.11.	**Köhler**, Hans Bartold (Frisch- u. Nagelschmied in Braunlage) oo in Braunlage V: Köhler, Hans + (Nagelschmied in Braunlage)	**Henze**, Susanna V: Henze, Hans Michel (Nagelschmied in Wieda)
19.11.	**Wiegand**, Tobias (Bergmann) V: Wiegand, Baltzer (Grabenarbeiter)	**Häger**, Anna Christina V: Häger, Hans Jürgen + (Bergmann)
25.11.	**Sommer**, Andreas (Bergmann) V: Sommer. Hans + (Bergmann)	**Prössel**, Anna Magdalena V: Prössel, Hans (Bergmann)
26.11.	**Wedeler**, Elias (Bergmann) V: Wedeler, Elisas + (Bergmann)	**Friederich**, Anna Sophia V: Friederich, Daniel (Bergmann)
03.12.	**Zimmer**, Andreas (Bergmann) V: Zimmer, Michel (Bergmann in Clausthal)	**Mager**, Anna Maria V: Mager, Just Christoph
28.12.	**Holtzborn**, Christoph (Ww., Fuhrmann)	**Fuchs**, Gerdraut V: Fuchs, Christoph (Bergmann in Clausthal)
29.12.	**Marcks**, Hans Bertold	**Schrader**, Catharina Margareta

1717

11.01.	**Köhler**, Hans Jürgen (Hüttenmann) V: Köhler, Andreas (Hammerschmied auf der Oderhütte)	**Grote**, Anna Catharina V: Grote, Valentin + (Hirte in der Zwinge)
12.01.	**Woge**, Zacharias (Schmelzer auf der Silberhütte V: Woge, Hans (Hüttenmeister)	**Kruschwitz**, Cath. Margaretha V: Kruschwitz, Michel (Grabensteiger)

19.01.	**Gödeke**, Nicolay (Bergmann) V: Gödeke, Nicolay (Arbeiter u. Tagelöhner)	**Walter**, Anna Maria V: Walter, Hans+ (Handelsmann)
14.01.	**Obenauf**, Johan Heinrich (Bergmann) V: Obenauf, Jürgen (Bergmann)	**Rosenbusch**, Anna Liese V: Rosenbusch, Christoph
14.01.	**Kaufmann**, Thomas Heinrich (Bergfuhrmann) V: Kaufmann, Zacharias (Fuhrmann)	**Scheller**, Cath. Elisabeth V: Scheller, Bartholdus (Meier in Clausthal)
17.01.	**Janson**, Heinrich Christian (Bergmann) V: Janson, Christian + (Hüttenmann auf der Sieber)	**Koch**, Maria Catharina V: Koch, Andreas (Köhlermeister in Lonau)
27.01.	**Heinrich**, Georg (Bergmann) V: Heinrich, Georg + (Bergmann)	**Püsterhasuen**, Ilse Catharina V: Püsterhausen, Hans Jürgen (Bergschmied in Freiberg)
04.02.	**Schlik**, Andreas Conrad (Bergmann) V: Schlik, Georg Caspar (Reisender)	**Zwicker**, Dorothea Cath. V: Zwicker, Heinrich Simon + (Köhler)
31.03.	**Walter**, Andreas (Bergschmied) V: Walter, Peter + (Nagelschmied)	**Lehmann**, Anna Margaret V: Lehmann, Hans Heinrich (in Herzberg)
17.06.	**Wendeborn**, Johan Andreas (Bergmann) V: Wendeborn, Jürgen Daniel (Bergmann)	**Köhler**, Anna Barbara V: Köhler, Jürgen Michel + (Köhlermeister)
13.07.	**Polstorff**, Hans Zacharias (Fuhrmann) V: Polstorff, Thomas (Fuhrmann)	**Rutenstrauch**, Anna Margar. Wwe. des Hestels, Heinrich
15.07.	**Hoppe**, Hans Thomas (Bergmann) V: Hoppe, Hans (Zimmermann)	**Abendroth**, Clara Catharina V: Abendroth, Jürgen, (Braumeister)
15.07.	**von Nüssen**, Johan Heinrich (Bergmann) V: von Nüssen, Johan Wilhelm	**Rieke**, Maria Liese V: Rieke, Capsar+ (Grubensteiger)
29.07.	**Flesting**, Johan Gottfried (Bergmann) V: Flesting, Thomas Bernd (Bergmann)	**Holtzborn**, Anna Cath. V: Holtzborn, Christoph (Fuhrmann)

05.08.   **Gerig**, Andreas Christoph (Bergmann)   **Franke**, Cath. Liese
         V: Gerig, Christoph   V: Franke, Andreas +
                                                       (Korntreiber)
         (Bergmann)

P.
15.08.   **Kruschwitz**, Michel (Grabensteiger)   **Dehnen**, Catharina Marg.
         oo 15.8. in Altenau   V: Dehnen, Christian,
                                                       (Köhlermeister)

08.09.   **Schlinkert**, Heinrich Mathias   **Rosenbusch**, Anna Marg.
         (Bergmann aus der Gemke)

21.09.   **Helmhold**, Johan Heinrich (Bergmann)   **Fischer**, Cath. Maria
         V: Helmhold, Hans   V: Fischer, Caspar (Bergmann)
         (Ackermann in Ströbeck b. Halberstadt)

23.09.   **Hoppe**, Johan Christoph (Bergmann)   **Sommer**, Cath. Marg.
         V: Hoppe, Christoph   V: Sommer, Michel (Bergmann)
         (Bergmann)

12.10.   **Schubbart**, Johan (Bergmann)   **Rosenbusch**, Margar. Elisabeth
         V: Schubbart Jürgen Philip   V: Rosenbusch, Hans Ernst
         (Bergmann in Clausthal)   (Bergmann)

19.10.   **Horre**, Jacob (Ww., Bergmann)   **Gödicke**, Anna Liese
                                                       V: Gödicke, Niclaus (Arbeiter)

21.10.   **Fischer**, Johan Andreas (Bergmann)   **Fricke**, Anna Cath.
         V: Fischer, Heinrich   V: Fricke, Hans (Fuhrmann)
         (Berg- u. Zimmermann)

04.11.   **Bergmann**, Johan Friedrich (Bergmann)   **Steg**, Marg. Catharina
         V: Bergmann, Andreas + (Grubensteiger)   V: Steg, Peter + (Bergmann)

11.11.   **Meier**, Caspar (Bergmann)   **Köhler**, Catharina Margaretha
         V: Meier, Heinrich Ernst +   V: Köhler, Heinrich Julius
         (Bergmann)   (Nagelschmied)

16.11.   **Hartmann**, Arend Friederich   **Kessel**, Anna Barbara
         (Kaufmann in Lauterberg)   V: Kessel, Thomas (Handelsm.)
         V: Hartmann, Johann Heinrich
         (Kaufmann in Lauterberg)

18.11.   **Bergmann**, Johann Georg (Bergmann)   **Welner**, Maria Margaretha
         V: Bergmann, Hans   V: Welner, Jacob (Köhlermeister)
         (Grubensteiger)

23.11.	**Schmidt**, Johan Joachim (Bergmann) V: Schmidt, Jochen (Ratsdiener)	**Hagedorn**, Doroth. Elisab. V: Hagedorn, Johan Christ. (Bergschmied)
24.11.	**Wolter**, Georg Caspar (Bergmann) V: Wolter, Heinrich Jürgen (Fuhrmann)	**Kutscher**, Anna Margareth V: Kutscher, Zacharias + (Bergmann)
25.11.	**Molle**, Johan Heinrich (Bergschmied) V: Molle, Mathias (Gastwirt in Clausthal)	**Schnur**, Margaretha Elisabeth V: Schnur, Johan Math. (Bergschmiedmeister)
25.11.	**Koch**, Hans Heinrich (Nagelschmied) V: Koch, Heinrich + (Köhlermeister in Sieber)	**Meyer**, Ilse Grete V: Meyer, Heinrich Ernst + (Bergmann)
25.11.	**Wedeler**, Heinrich Ernst (Bergmann) V: Wedeler, Math. (Bergmann)	**Palm**, Anna Margaretha V: Palm, Hans Valtin, (Grubensteiger)
25.11.	**Rörig**, Gottfried (Bergmann) V: Rörig, Andreas, (Zimmermeister)	**Palm**, Anna Magdalene V: Palm, Hans Valtin (Grubensteiger)

<u>1718</u>

12.01.	**Sommer**, Johan Heinrich (Bergmann) V: Sommer, Heinrich + (Bergmann)	**Hopmann**, Dorothea Magd. V: Hopmann, Michel + (Grubensteiger)
24.03.	**Denecke**, Jürgen Lorenz (Holzhauer) V: Denecke, Andreas (Holzhauer in Hohegeiß)	**Lohrengel**, Christina Maria V: Lohrengel, Karsten (Förster)
21.04.	**Fischer**, Ulrich (Ww., Bergmann)	**Polstorff**, Anna Maria V: Polstorff, Thomas (Fuhrherr)
24.04.	**Seifert**, Michel Zach. (Bergmann) V: Seifert, Hans Caspar (Bergmann)	**Hoffmann**, Anne Barbe V: Hoffmann, Cilian (Reisender)
24.04.	**Salzmann**, Andreas (Fuhrmann) V: Salzmann, Johan + (Hüttenmann)	**Gödecke**, Catharine Margarethe V: Gödecke, Heinrich
02.05.	**Kizow**, Carel Philip (Apotheker) V: Kizow, Levin Christoph (Pastor zu Goltern)	**Eccard**, Emerentia Maria V: Eccard, Jacobi Theodor (Pastor in Bartolfelde)

03.05.	**Harzig**, Johan Michael (Grubensteiger) V: Harzig, Johan Michel (Grubensteiger)	**Gödecke**, Maria Elisabeth V: Gödecke, Georg (Kirchenvorsteher u. Viertelherr)
04.05.	**Sprengeler**, Nicolai (Bergmann) V: Sprengeler, Andreas + (Fuhrmann in Clausthal)	**Sticken**, Margaretha Elisabeth V: Sticken, David (Büttner)
27.05.	**Schmid**, Gottlieb (Bergmann) V: Schmid, Barthold (Bergmann in Ilmenau)	**Preuß**, Dorothea Margaretha V: Preuß, Johan Friederich (Schmelzer)
31.05.	**Fischer**, Johan Christian (Ww.) (Eisensteiner)	**Parts**, Elisabeth Margareth Wwe. des Michaelis, Hans Peter (Bergmann in Clausthal)
09.06.	**Grote**, Jürgen Andreas (Ww., Reisender)	**Sticken**, Anna Christ. V: Sticken, Andreas, Köhler +
31.06.	**Gödecke**, Ernst (Schuster)	**Harzig**, Sophia Elisab.
02.08.	**Baumgarte**, Johan Michel (Schornsteinfeger auf den Commun. Bergstädten) V: Baumgarte, Conrad + (Köhlermeister)	**Fricke**, Anna Margaretha V: Fricke, Hans Christoph (Fuhrmann in Lauterberg)
23.08.	**Helle**, Hans Caspar (Bergmann) V: Helle, Hans + (Schustermeister in Ellrich)	**Preuß**, Anna Elisabeth Wwe. des Garten, Hans Michel
10.09.	**Meier**, Hans Caspar (Bergmann) V: Meier, Heinrich Bergmann	**Wolter**, Ilse Cath. V: Wolter, Niclaus ("alter" Bergmann)
28.09.	**Büttner**, Johan Elisas (Ww., Bergmann)	**Gaddermann/Gattermann**, Margareth Elisabeth V: Gaddermann/Gattermann, Stephan + (Blechschmied in Zorge)
06.10.	**Weber**, Georg Christoph (Bergmann) V: Weber, Jacob (Bergmann)	**Ulrich**, Magdalene Elisabeth V: Ulrich, Greger (Bergmann)
12.10.	**Hoffmann**, Johan Elias (Ww., Bergmann)	**Lehmann**, Catharina Liese Wwe. des Kutscher, Johan Zach.

03.11.   **Eidmann**, Hans Jacob
(Hammerschmied auf der Oderhütte)
V: Eidmann, Jacob
(Pucher zur Oderhütte)

Hägemann, Maria Catharina
V: Hägemann, Johan Georg
(Schuldiener in Hüttenrode)

05.11.   **Störtzer**, Samuel (Weißgerbermeister in Ellrich)
V: Stöltzer, Philip
(Weißgerber in Ellrich)

Hetstell, Doroth. Margaretha
V: Hetstell, Elias
(gewesener Ratsherr und
Kirchenvorsteher)

05.11.   **Heidekamp**, Andreas (Bergmann)
V: Heidekamp Hans Heinrich

(Reisender)

Wiegand, Anne Beate
V: Wiegand, Balser
(Grabenarbeiter)

24.11.   **Kessel**, Christoff
V: Kessel, Heinrich

(Handelsmann und Ratsverwandter)

Neumann, Anna Mariana
V: Neumann, Georg (Kaufmann
u.
Handelsmann)

24.11.   **von Nüssen**, Andreas (Ww., Handelsmann)

Koch, Anna Catharina (Wwe.
Wwe. des Grünenberg, Andreas
Antohoni (Kantor in
Salzderhelden)

24.11.   **Hartwich**, Andreas (Bergmann)
V: Hartwich, Andreas +
(Zimmermeister)

Siegel, Anna Elisabeth
Siegel, Henrich + (Untersteiger)

24.11.   **Kotte**, Johan Christoph (Bergschmied)
V: Kotte, Andreas

(Huf-u. Waffenschmied in Heinrode)

Kutscher Anna Magd., 0
V: Kutscher, Caspar+
(Knochenhauer)

24.11.   **Banse**, Hans Ernst (Bergschmied)
V: Banse, Heinrich

(Hufschmied Oderhütte)

Kaufmann, Maria Elisabeth
V: Kaufmann, Zacharias,
(Fuhrmann)

22.11.   **Heinecke**, Hans Thomas (Bergfuhrmann)
V: Heinecke, Andreas

(Kalkbrenner in Wernigerode)

Sanders, Ilse Grete
V: Sanders, Hans Heinrich
(Brenner
auf hiesiger Silberhütte)

P.
23.11.   **Wagener**, Johan Mathias (Bergschmied)
oo in Scharzfeld
V: Wagener, Simon +
(Hufschmied in Lauterberg)

Ernst, Anna Maria
V: Ernst, Hans Heinrich +
(Schafmeister in Düna)

?	**Pfaffe**, Johan Daniel (Ww.) (Bergschmied)	**Ernst**, Anna Liese V: Ernst, Johan + (Schaftmeister in Hörden)
01.12.	**Schlegel**, Dietrich (Ww., Bergschmied)	**König**, Ilse Marg. V: König, Andreas (Schuster in Hattorf)
01.12.	**Obenauf**, Heinrich Georg (Bergmann) V: Obenauf, David (Puchsteiger)	**Seiff**, Anna Sophia V: Seiff, Andreas + (Schulmeister)
01.12.	**Otte**, Johan Georg (Bergmann) V: Otte, Christoph + (Berggeschworener in Harzgerode)	**Henze**, Doroth. Magd. V: Henze, Christ. (Handelsmann)
28.12.	**Hecke**, Heinrich V: Hecke, Thomas (Bergmann in Clausthal)	**Vesterling**, Cath. (Wwe. des Pobst, Johan July)

1719

13.01.	**Schnur**, Johan Matthias (Ww., Bergschmied)	**Leiffheit**, Mara Liese V: Leiffert, Johan Heinrich + (Ackermann in Bartolfelde)
06.02.	**Heberlein**, Heinrich (Bergmann) V: Heberlein, Christian (Grubensteiger in Crandorf)	**Stedten**, Anna Maria (Wwe. des Schedeman, Demuht + (Bergschmied))
08.02.	**Hund**, Andreas (Bergmann) V: Hund, Johan Heinrich V: Putscher, Christian + (Schulmeister in Rodishagen)	**Putscher**, Dorothea Susanne
23.02.	**Schlösser**, Hans Jürgen (Bergmann) V: Schlösser, Hans Jürgen (Bergmann)	**Herberger**, Anna Maria V: Herberger, Thomas (Bäckermeister)
23.02.	**Schlösser**, Johan Christoff (Tischlermeister) V: Schlösser, Hans (Eisensteiner)	**Münchemeier**, Ann Margaretha V: Münchemeier, Johan, (Handelsmann in Braunschweig)
23.02.	**Hoppe**, Thomas Christian (Bergmann) V: Hoppe Christoff (Bergmann)	**Lehmann**, Maria Dorothea V: Lehmann, Andreas Christoff, (Bergmann)

17.04.	**Hoffmann**, Paul (Ww.)	**Schröder**, Margar. Magd. (Wwe. des Hintze, Benedix + Bergmann in Clausthal)

P.
23.04.	**Seiffert**, Johan Jacob (Ww., Bergmann oo in Nordhausen)	**Störker**, Anna Catharina Wwe. des Störker, Johan Jacob (Cantor in Nordhausen)
23.05.	**Vogd**, Hans Jürgen (Bergmann) V: Vogd, Christoff + (Bergmann)	**Hartwich**, Doroth. Elisab. V: Hartwich, Andres (Zimmermeister)
21.05.	**Liebetraut**, Andreas (Nagelschmied) V: Liebetraut, Hans Andr. (Nagelschmied in Neuenstadt)	**Ernst**, Engel Catarine V: Ernst, Hans, (Nagelschmiedmeister)
31.06.	**Wedemann**, Hans Jürgen (Bergmann) V: Wedemann, Hans Jürgen (Bergmann)	**Hentze**, Anna Marg. V: Hentze, Hans Michel, (Nagelschmied in Wieda)
06.06.	**Nolle**, Johan Georg (Bergmann)	**Reiß**, Anna Maria V: Reiß, Christoff + (Cantor in Clausthal)
12.06.	**Hum**, Christian	**Schneider**, Anna Maria
14.06.	**Ballauf**, Paul Gottfried (Bergmann) V: Ballauf, Anton (Kirchenvorsteher u Steiger in Rotleberode)	**Köhler**, Anna Elisabeth V: Köhler, Horst Christoff (Mollenhauer)
20.07.	**Münster**, Jürgen Caspar (Bergmann) Münster, Hans Jürgen + (Grubensteiger in Clausthal)	**König**, Anna Margarth. V: König, Christian, (Nagelschmied)
26.07.	**Müller**, Heinrich Georg (Kauf- und Handelsmann) V: Müller, Bartold (Kauf- u. Handelsmann in Osterode)	**Hartmann**, Margarethe Elisabeth V: Hartmann, Johan Heinrich (Handelsmann in Lauterberg)
10.08.	**Herberger**, Hans Jürgen (Bergmann) V: Herberger, Hans +	**Heicke**, Sophia Elisabeth V: Heicke, Michel + (Hüttenmann in Altenau)
20.09.	**Häger**, Hans Jürgen (Bergmann) V: Häger, Hans Jürgen + (Bergmann)	**Weiß**, Marg. Magd. V: Weiß, Christoff (Bergmann)

12.10.	**Schubbart**, Heinrich Mich. (Eisensteiner) V: Schubbart, Thomas Bäckermeister	**Pabst**, Sophia Elisabeth V: Pabst, Jacob + Förmermeister in Braunlage
16.10.	**Stieglitz**, Christian (Ww., Bergmann)	**Wolters**, Cath. Liese V: Wolters, Peter (Nagelschmiedmeister)
26.10.	**Zesch**, Georg Albrecht V: Zesch, Hans Jürgen (Grubensteiger in Clausthal)	**Fischer**, Anna Elisabeth V: Fischer, Valentin (Eisensteiner)
26.10.	**Lehmann**, Hans Christoph (Bergmann) V: Lehmann, Andreas (Bergmann)	**Seidel**, Anna Magd. V: Seidel, Greger (Bergmann)
16.11.	**Horre**, Sebastian Andreas (Hüttenmann) V: Horre, Hinrich Erhard (Handelsmann)	**Otten**, Dorothea Catharina V: Otten, Christoph (Berggeschworener in Harzgerode)
16.11.	**Francke**, Georg Christian (Bergmann) V: Francke, Christian (Zimmermeister in Clausthal)	**Eberling**, Catharina Maria V: Eberling, Hans Christoph, (Bergmann in Zorge)
16.11.	**Keidel**, Hans Zacharias (Bergmann) V: Keidel, Jürgen Heinrich (Grubensteiger)	**Eberling**, Anna Magdalene V: Eberling/Ebeling, Hans Heinrich (Holzhauer)
21.11.	**Kutscher**, Caspar (Hüttenmann) V: Kutscher, Caspar (Knochenhauermeister)	**Deichmann**, Anna Barbe V: Deichmann, Thomas Christian + (Handelsmann)
23.11.	**Breitner**, Matt. Gabriel (Bergmann) V: Breitner, Gabriel (Sattler in Waldungen)	**Später**, Anna Magd. V: Später, Johan + (Leinehändler in Vorstadt Osterode)
23.11.	**Henkell**, Hans Georg (Bergmann) V: Henkell, Niclaus (Bergmann)	**Kiesewitter**, Anna Magdl. V: Kiesewitter, Hans Jürgen, (Puchsteiger)
04.12.	**Gille**, Ernst (Ww., Fuhrmann)	**Marcks**, Anna Cathar. V: Marcks, Hans Valten + (Bergmann)

06.12.	**Holzberger**, Andreas V: Holzberger, Michel	**Henkel**, Maria Liese V: Henkel, Niclaus

1720

05.02.	**Hartleben**, Johan Michel (von Clausthal)	**Grund**, Magdalene (von Clausthal)
07.02.	**Heidelberger**, Christoph	**Berkefeld**, Anna Maria
08.02.	**Gronau**, Hans Heinrich (Bergmann) V: Gronau, Jürgen + (Bergmann in Clausthal)	**Kerl**, Ortie Liese V: Kerl, Leopold (Bergmann)
13.02.	**Trenckner**, Johan Heinrich (Bergmann) V: Trenckner, Christoph (Grubensteiger in S. Johann-Georgenstadt)	**König**, Anna Ortie V: König, Christian, (Nagelschmied)
10.04.	**Engert**, Hans Michel	**Kutscher**, Anna Magdalene
16.04.	**Rosenberger**, Johan Georg (Knochenhauermeister) V: Rosenberger, Caspar Knochenhauermeister	**Eiffert**, Anna Sophie V: Eiffert, Andreas +
P. 14.04.	**Schlinkert**, Marcus Caspar (Bergmann) V: Schlinkert, Heinrich Rudolph (Bergmann in Grund)	**Lappen**, Grete Liese V: Lappen, Jürgen Andreas (Bader in Gittelde)
14.05.	**Deichmann**, Jonas Caspar (Handelsmann) V: Deichmann, Thomas Christian (Handelsmann, Pedell)	**Rudorff**, Catharina Elisabeth V: Rudorff, Johan Andreas + (Müllermeister in Lauterberg)
13.06.	**Strauch**, Andreas Matthias (Ww., Bergmann)	**Fuchs**, Anna Liese Wwe. des Hoffmann, Andreas, (Bergmann)
P.	**Grübel**, Hans Jürgen (Bergmann) oo 13.06 in Lauterberg V: Grübel, Hans Jürgen + (Handelsmann)	**Dreyheit**, Dorott. Elisabeth V: Dreyheit, Christoph (Handelsmann in Lauterberg)
06.08.	**Hentze**, Christian Ludewig	**Obertieffer**, Doroth. Margaretha
P. 26.08.	**Schlemm**, Christian oo in Clausthal	**Spangenberg**, N.N. V: Spangenberg

04.09.	**Strubel**, Johan Bernhard (Holzhauer aus Benneckenstein) V: Strubel, Andreas (Holzhauer)	**Lohrengel**, Catharina Margarethe Wwe. des Fricke, Daniel
05.09.	**Wauen**, Heinrich Christoph (Bergmann) V: Wauen, Andreas (Köhlermeister)	**Spengeler**, Christine Liese V: Spengeler, Zacharias, (Bergmann)
P. 26.09.	**Köhler**, Hans Caspar (Bergmann) oo 04.10. in Bartolfelde	**Brun**, Soph. Magd.
23.10.	**Biegemann**, Georg Zacharias (Bergschmied) V: Biegemann, Johann Conrad (Bergschmiedemeister)	**Pfannenschmied**, Dorothea Elisabeth V: Pfannenschmied, Georg Thomas (Schuldiener)
13.11.	**Westerhausen**, Johan Heinrich (Bergmann) V: Westerhausen, Christoph (Hufschmied)	**Gothe**, Anna Magdalene V: Gothe, Johan Christoph (Posamentierer in Nordhausen)
20.11.	**Schachtrup**, Andreas Ludolff (Pastor in Andreasberg (1721 - 1738)) V: Schachtrup, Johann Peter (Pastor in Osterode)	**Stisser**, Sophia Henriette V: Stisser, Johann Friedrich (Pastor in Andreasberg (1703-1721)
20.11.	**König**, Georg Elias (Bergmann) V: König, Abraham (Bergmann)	**Billig**, Anna Christine V: Billig, Hans Ernst (Bergmann)
20.11.	**Schalif**, Arend (Bäcker) V: Schalif, Georg (Bäckermeister in Wildemann)	**Bock**, Anna Margaretha Wwe. des Pfeiffer, Christoph (Fuhrmann)
20.11.	**Örtel**, Johan Andreas Christian (Bergmann) V: Örtel, Christian (alter Bergmann)	**Holland**, Cath. Margarethe V: Holland, Hans Jürgen + (Fuhrmann auf der Rothehütte)
04.12.	**Iffert**, Heinrich Christian (Hüttenmeister) V: Iffert, Johan Heinrich (Bergschmied in Clausthal)	**Kessel**, Maria Magd. V: Kessel, Thomas (Handelsmann)

05.12.	**Gessner**, Andreas (Bergmann) (röm.kathol.) V: Gessner, Johan (Bergmann in Schönstedt/Sachsen)	**Eggelmann**, Doroth. Elisabeth V: Eggelmann, Johan Heinrich + (Silberabtreiber)
05.12.	**Kutscher**, Johan Zacharias (Bergmann) V: Kutscher, Zacharias (Bergmann)	**Obenauf**, Anna Elisabeth V: Obenauf, Daniel (Puchsteiger)
30.12.	**Obenauf**, Hans Caspar (Bergmann) V: Obenauf, Jürgen (Bergmann)	**Rosenberg**, Maria Magdl. V: Rosenberg, Caspar (Knochenhauermeister)

1721

03.02.	**Hille**, Johan Jürgen (Bergmann in Lauterberg) V: Hille, Jürgen + (Bergschmied in Clausthal)	**Wesmeier**, Susanne Blandine Wwe. des Gämler, Christian Andreas (Bergmann)
11.02.	**Kothern**, Johan Conrad (Kunststeiger)	**Windel**, Lucia Margaretha Wwe. des Bergmann, Michel
27.02.	**Gerke**, Ernst Heinr. (Bergmann) V: Gerke, Hans Jürgen (Nachtwächer)	**Gerken**, Maria Liese V: Gerken, Andreas (Ratsdiener)
16.04.	**Friederich**, Just Andreas (Ww., Bergmann)	**Zwinkmann**, Anna Dorothea Wwe. des Kivits, Peter
28.04.	**Vogt**, Johan Jürgen (Bergmann)	**Bergmann**, Anna Liese V: Bergmann, Michel + (Bergmann)
30.04.	**Rosenbusch**, Elias (Bergmann) V: Rosenbusch, Christoph + (Puchsteiger)	**Sommer**, Anna Liese V: Sommer, Andreas + (Grubensteiger)
30.04.	**Werner**, Johan Christoph (Bergmann) V: Werner, Johan Georg + (Bergmann)	**Künholz**, Anna Barbara V: Künholz, Jost (Bergmann)
06.05.	**Morich/Morig**, Hans Jürgen (Ww., Bergmann)	**Hoffmann**, Christa Christine Maria V: Hoffmann, Hans + (Reisemann)
08.05.	**Gangeloff**, Wilhelm (Ww., Bergmann)	**Thiele**, Anna Christine V: Thiele, Johan Otto (Schuster)

16.06.	**Seyfert**, Hans Valten (Bergmann)	**Schwanhäuser**, Grete Magd. V: Schwanhäuser, Philip + (Bergmann)
19.06.	**Westphahlen**, Johan Michel (Bader) V: Westphahlen, Jost + (Bader)	**Schlick**, Margaretha Sophia V: Schlick, Georg Caspar, (Bergmann)
26.06.	**Lechten**, Johan Caspar (Bergmann) Lechten, Burchard (Nagelschmied)	**Fuchs**, Anna Barte V: Fuchs, Hans, (Schustermeister)
16.07.	**Meisner**, Christoph (Ww., Grubensteiger)	**Hartung**, Anna Maria Wwe. des Hartung, Hans Caspar, (Schuster u. Bergmann)
20.07.	**Gödecke**, Caspar	**Keltz**, Dorothea Magdalene
24.07.	**Rörig**, Johan Bartold (Bergmann) V: Rörig, Andreas (Zimmermeister)	**Werner**, Anna Dorothea V: Werner, Simon (Reisender)
23.10.	**Kistner**, Jesaias (Hüttenmann)	**Wolters**, Cathar. Elisabeth Wwe. des Billig, Franz Christian
28.10.	**Leunich**, Johan Friedrich (Ratshauswirt) V: Leunich, Johan Friedrich (Brauer in Osterode)	**Lampen**, Dorothea Maria Wwe. des Woltern, Johann Jacob (Gast- und Kellerwirt)
28.10.	**Lücke**, Johan Zacharias (Braumeister) V: Lücke, Thomas + (Braumeister)	**Fischer**, Anna Catharina V: Fischer, Michel (Handelsmann)
28.10.	**Wiegand**, Hans Heinrich (Ww., Bergmann)	**Köhler**, Anna Ilsa V: Köhler, Hans Valten + (Mollenhauer)
30.10.	**Häger**, Hans Ernst (Bergmann) V: Häger, Hans Jürg + (Bergmann)	**Köhler**, Dorothea Margaretha V: Köhler, Johan Caspar + (Bergmann)
06.11.	**Seydell**, Andreas Heinrich (Bergmann) V: Seidell, Gregor (Bergmann)	**Grübel**, Dorothea Maria V: Grübel, Conrad + (Handelsmann)

10.11. **Fischer**, Barthold (angehender Schuhmacher) **Hopmann**, Maria Sophia
oo in Wieda V: Hopmann, Hans
V: Fischer, Heinrich (Schultheiß in Wieda)
(Zimmermeister)

18.11. **Lehmann**, Johann Daniel (Bergschmied) **Dempewolff**, Catharina
  Margarethe
V: Lehmann, Johann Andreas V: Dempewolff, Hans Heinrich +
  (Zimmermann in Lasfelde/Amt
  Osterode)

20.11. **Rosenberg**, Johann Christoph (Bergmann) **Francke**, Susanna Maria
V: Rosenberg, Johann Joachim V: Francke, Hans +
  (Kornhändler)
(Maschenbläser auf Königshof)

20.11. **Höhne**, Tobias (Bergmann) **Wedekindt**, Elisabeth Margar.
V: Höhne, Christoph V: Wedekindt, Andreas
(Bergmann) (Ackermann in Bockelnhagen)

26.11. **Pfingsten**, Johann Georg (Kirch- und Schuldiener) **Thielen**, Dorothea Margaretha
V: Pfingsten, Johann Christina
(Tischlermeister in Wildemann) V: Thielen, Johann Andrae +
  (Rektor der hiesigen Schule)

27.11. **Gärtner**, Georg Ernst (Bergmann) **Arendt**, Dorothea Elisabeth
V: Gärtner, Georg V: Arendt, Caspar (Puchsteiger)
(Grabensteiger)

27.11. **König**, Georg Valten (Bergmann) **Zencker**, Dorothea Margreth
V: König, Abraham V: Zencker, Hans Thomas,
  (Bergmann)
(Bergmann)

04.12. **Teichmann**, Johann Michael (Bergschmied) **Mündel**, Maria Magdal.
V: Teichmann, Andreae V: Mündel, Hans,
(Maschenbläser) (Nagelschmiedemeister)

1722
20.01. **Bergmann**, Joh. Christoph (Bergmann) **König**, Ilsa Margretha
V: Bergmann, Michael Wwe. des Schlägel, Dietrich
(Bergmann)

22.01. **Weber**, Andreas Michael **Bock**, Cathr. Elies.
V: Weber, Valentin V: Bock, Nicolai Berg-u.
  Hufschmiedmeister)

St. Andreasberg

22.01.	**Großcurdt**, Johann Georg (Bergmann) V: Großcurdt, Heinrich + (Knochenhauer in Dransfeld)	**Bock**, Cathr. Eliesab. V: Bock, Hans Caspar (Bergmann)
22.01.	**Francke**, Hans Caspar (Bergmann) V: Francke, Hieronymi, + (Korntreiber)	**Stegel**, Dorothea Sophia V: Stegel, Heinrich + (Grabensteiger)
29.01.	**Ebeling**, Joh. Christoph (Bergmann) V: Ebeling, Hans Heinrich (Holzhauer)	**Schlamelcher**, Dor. Cathr. V: Schlamelcher, Heinr. Christ. + (Bergmann)
29.01.	**Grote**, Georg Friedrich (Bergmann) V: Grote, Thomas Bergmann in Clausthal	**Schlösser**, Dor. Eliesab. V: Schlösser, Peter, Bergmann
12.02.	**Nicolai**, Johann Bartholdt (Fuhrknecht) V: Nicolai, Valten Heinrich (Bergmann in Braunlage)	**Engelcke**, Engel Catharina V: Engelcke, Johann Heinrich (Hufschmied in Sieber)
16.02.	**Haideler**, Johann Christoph (Ww., Bergmann)	**Bärkefeldt**, Margaretha Wwe. des Thiele, Joh. Andres (Silberabtreiber)
16.02.	**Halbrodt**, Johann Ludwig (Bergmann) V: Halbrodt, Simon (Grubensteiger)	**Bock**, Anna Maria Wwe. des Köhler, Hans Georg, (Bergmann)
19.02.	**Voigt**, Johann Georg (Bergmann) V: Voigt, Hans Jürgen + (Bergmann)	**Mahn**, Rosina Margaretha V: Mahn, Christoph (Hüttenmann in Altenau)
04.03.	**Sticke**, Borcherdt (Bergmann)	**Freylandt**, Anna Elisabeth
12.04.	**Eccardt**, Johann Kilian (Pastor in Diepholz) V: Eccardt, Jacob Theodor + (Pastor in Bartolfelde)	**Stisser**, Martha Margaretha V: Stisser, Johann Friedrich + (Pastor in Andreasberg)
21.04.	**Bock**, Johann Heinrich (Untersteiger) V: Bock, Heinrich (Berggeschworener u. Ratsverwandter)	**Werner**, Catharina Sophia V: Werner, Hans Heinrich (Förster)
30.04.	**Schlösser**, Heinrich Arend (Brauer) V: Schlösser, Andr. + (Bergmann)	**Walter**, Cath. Elis. V: Walter, Hans + (Handelsmann)

P.

30.04.	**Mühlhahn**, Joh. Heinr. (Bergmann) oo in Straßberg (Harz) V: Mühlhahn, Heinrich + (Bergmann)	**Prössel**, Cathrina Margreta V: Prössel, Joh. (Bergmann)
05.05.	**Günther**, Johann Thomas (Bäcker) V: Günther, Caspar (Bäcker)	**Meybohm**, Anna Elisabeth V: Meybohm, Hans + (Braumeister in Gandersheim)
07.05.	**Hartzig**, Christian (Bergmann) V: Hartzig, Anthon (Bergmann)	**Henkell**, Anna Elisabeth V: Henkell, Hans Jürgen, (Bergmann)
12,05.	**Schiefner**, Andreas Michael (Bergmann) V: Schiefner, Gottfried (Bergmann)	**Schwanheuser**, Dorothea Elisab. V: Schwanheuser, Christian + (Bergmann)
27.05.	**Keidel**, Heinrich Georg (Ww., Obersteiger)	**Berger**, Catharine Elisabeth V: Berger, Andreas (Siebmacher)
P. 28.05.	**Pflügell**, David Christ. (Apotheker i. Bleicherode) V: Pflügell, Christian (Handelsmann in Oebisfelde, Hzt. Magdeburg)	**Fischer**, Magdalena Elisab. V: Fischer, Michael (Handelsmann)
16.06.	**Otto**, Joh. Günther (Bergmann) V: Otto, Hans Heinrich (Bergmann in Wildemann)	**Geyer**, Cath. Margar. V: Geyer, Georg + (Untersteiger in Clausthal)
18.06.	**Seifert**, Andreas Christoph (Puchsteiger) V: Seifert, Thomas Michael (Oberpuchsteiger)	**Apel**, Maria Catharina V: Apel, David (Müllermeister)
25.06.	**Günther**, Heinrich Nicolaus (Bergmann) V: Günther, Caspar + (Bäcker)	**Gehrig**, Catharina Maria V: Gehrig, Christoph (Bergmann)
25.06.	**Peschau**, Johann Jobst (Bergmann) V: Peschau, Johann Georg (Bergmann)	**Trenckner**, Anna Elisabeth V: Trenckner, Johann (Bergmann)
01.07.	**Hartzig**, Johann Michael (Ww., Grubensteiger)	**Bock**, Catharina Elisabeth Wwe. des Kutscher, Johann Valentin
15.07.	**Kellner**, Andreas Martin (gewesener Schüler)	**Hensch**, Anna Maria
21.07.	**Kerll**, Georg Ernst (Bergmann)	**Kohlrusch**, Maria Margaretha

| 06.08. | **Hartzig**, Johann Jobst (Bergmann)
V: Hartzig, Anthon
(Bergmann) | **Abendroth**, Dorothea Maria
Wwe. des Billig, Caspar Christian
(Bergmann) |

| 25.08. | **Wedemann**, Hans Valentin (Ww., Bergmann) | **Lüddecke**, Catharina Elisabeth
Wwe. des Gärtner, Christ.
(Braumeister) |

| 10.09. | **Palm**, Georg Peter (Untersteiger)
V: Palm, Hans Valten
(Grubensteiger) | **Eggelmann**, Anna Catharina
V: Eggelmann, Johann +
(Silberabtreibermeister) |

| 24.09. | **Wiegand**, Johann Jobst (Bergmann)
V: Wiegand, Andreas
(Bergmann) | **Lehmann**, Dorothea Cathrina
V: Lehmann, Andreas Christoph,
(Bergmann) |

| 22.10. | **Dannenberger**, Caspar (Untersteiger)
V: Dannenberger, Hans Ernst
(Grubensteiger) | **Werner**, Philippine
V: Werner, Förster + |

| 22.10. | **Müller**, Andreas (Ww., Bergmann) | **Gieseler**, Dorothea
V: Gieseler, Wilhelm,
Schuhmacher |

P.
| 05.11. | **Sticke**, Johann Hermann (Bergmann)
oo 05.11.1722 in Lauterberg
V: Sticke, David + (Köhlermeister) | **Mennecke**, Anna Sabina
V: Mennecke, Andreas
(Leineweber in Lauterberg) |

P.
| 16.11. | **Borkenstein**, Johann Friedrich
(Pastor in Andreasberg (2. Pfarrstelle
(1721 - 1727, dann in Lautenthal))
oo 07.11. in Clausthal
V: Borkenstein, Johann Matthias +
(Hüttenreuter auf den Silberhütten) | **Kettler**, Dorothea Heidewig
V: Kettler, Carl Ludewig +
(Pastor in Dransfeld) |

| 19.11. | **Polsdorff**, Johann Georg (Bergmann)
V: Polsdorff, Elias
(Fuhrmann) | **Rosenberger**, Anna Maria
V: Rosenberger, Andreas
(Knochenhauer) |

| 19.11. | **Störmer**, Johann Jacob (Bergmann)
V: Störmer, Hans Georg
(Bergmann) | **Friedrich**, Susanna Maria
V: Rosenberger, Jobst Andreas
(Bergmann) |

| 19.11. | **Walter**, Georg Ludolph (Bergmann)
V: Walter, Nicolaus
(Bergmann) | **Poppen**, Hedewig
V: Poppen, Christoph +
(Schneider in Herzberg) |

26.11.	**Prößell**, Georg Friedr. Ernst (Tischler) V: Prößell, Ernst (Ratsverwandter)	**Baum**, Dorothea Catharina V: Baum, Johan Tobias + (Fuhrherr
26.11.	**Morgenstern**, Joh. Leopold (Bergmann) V: Morgenstern, Joh. Balzar (Grubensteiger)	**Fischer**, Maria Elisabeth V: Fischer, Christian (Bergmann)

1723

10.01.	**Gercke**, Just Andreas (Bergmann) V: Gercke, Zacharias + (Bergmann)	**Schlösser**, Susanna Margaretha V: Schlösser, Hans + (Bergmann)
10.01.	**Holzberger**, Hans Michel (Ww., Bergmann)	**Jungnickel**, Clara Catharina V: Jungnickel, Georg (Bäcker)
13.01.	**Fuchs**, Johann (Schuhmachermeister) V: Fuchs, Johann (Schuhmachermeister)	**Klapproth**, Anna Elisabeth V: Klapproth, Johann (Pachtmann)
09.02.	**Schmidt**, Heinrich Rudolph (Bergmann) V: Schmidt, Johann Jochen (Ratsdiener)	**Fischer**, Margarethe Magdalena V: Fischer, Johann + (Maurermeister in Zellerfeld)
11.02.	**Bauer**, Johann Christian (Rad- und Stellmacher) V: Bauer, Hans Caspar (Kirchenvorsteher Hammerschmiedmeister in Sieber)	**Müller**, Anna Cathrina V: Müller, Johann Michael (Kupfergarmacher)
11.02.	**Siegell**, Heinrich August (Bergmann) V: Siegell, Heinrich + (Grubensteiger)	**Beuteler**, Anna Lucia V: Beuteler, Hans (Bergmann)

P.

11.02.	**Schelbach**, Joh. Heinr. (Ww., Bergmann i. Lauterb.) oo 8.2.1723 Lauterberg	**Eckardt**, Anna Margr. V: Eckardt, David + (Hüttenschmied in Clausthal)
15.04.	**Kasten**, Georg Andreas (Bergmann) V: Kasten, Georg + (Bergmann in Zellerfeld)	**Mindel**, Anna Cathrina (Wwe. des Baumann, Christian)
15.04.	**Holtzapfel**, Barthold (Ww., Bergmann)	**Behrend**, Engel Dorothea V: Behrend, Hans Heinrich, (Köhlermeister in Lonau)

20.04.	**Reecken**, Jürgen Zacharias (Schuhmacher in Braunschweig) V: Reecken, Hans Jürgen, (Ww.) (Schuhmachermeister in Braunschweig)	**Weber**, Cathr. Elisabeth V: Weber, Jacob (Bergmann)
29.04.	**Voigt**, Johann Zacharias (Bergmann) V: Voigt, Hans Jürgen + (Bergmann)	**Mindell**, Dorothea Magdalene V: Mindell, Christian, (Bergschmied)
04.05.	**Bergmann**, Johann Jordan (Bergmann) V: Bergmann, Just (Einwohner in Benneckenstein)	**Billig**, Anna Christian Wwe. des König, Georg Elias
04.05.	**Hohmann**, Christian (Bergmann) V: Hohmann, Johann Wilhelm (Brauer im Amt Schwarzenbeck im Cellischen)	**Vietgen**, Cathrina Margretha V: Vietgen, Joh. Ludolph
04.05.	**Weichsel**, Andreas (Bergmann) V: Weichsel, Joh. Heinr. + (Unteroffizier d. Br. Lüneburg. Truppen)	**Schumann**, Anna Magdalena Wwe. des Schrader, Magnus (Bergmann)
10.05.	**Otto**, Johann Gabriel (Förster in Lauterberg) V: Otto, Johann Valentin + (Förster in Lauterberg)	**Meinberg**, Eleonora Sophia V: Meinberg, Sebastian (Hüttenschreiber u. Ratskämmerer)
23.05.	**Hentze**, Joh. Matthias (Fuhrknecht in Lauterberg) V: Hentze, David + (Köhlermeister in Benneckenstein)	**Holtzberger**, Anna Elisabeth V: Holtzberger, Caspar Michael + (Köhler)
17.06.	**Biedenweg**, Joachim (Kantor u. College hiesiger Stadtschule) V: Biedenweg, Petri + (Doktor, Mediziner u. Stadtphysikus in Wollin/Pommern)	**Keyser**, Sophia Elis. Christ. V: Keyser, Christian, (Schichtmeister)
29.06.	**Berkefeld**, Zacharias (Ww., Waldmann)	**Otte**, Margretha Cathrina Wwe. des Halbrodt, Johann Christoph
08.07.	**von Dake**, Heinrich Andreas (Bergmann) V: von Dake, Heinrich + (Ackermann in Osterode)	**Walter**, Anna Rosina V: Walter, Hans + (Handelsmann)

12.07.	**Sandhagen**, Christfriedt Gerhardt (Ww.) (Kauf- u. Handelsmann in Braunschweig)	**Mühlhahn**, Dorothea Christina V: Mühlhahn, Georg Nicolai (Bergmeister)

P.
14.07.	**Walter**, Jacob (Bergmann) oo Herzberg 15.07. V: Walter, Hans, + (Handelsmann)	**Holtzapfel**, Anna Cathrina V: Holtzapfel, Christian (Ackermann in Herzberg)

01.08.	**Butler**, Andreas Thomas (Bergmann) V: Butler, Hans (Bergmann)	**Rosenbusch**, Anna Christina V: Rosenbusch, Tobias + (Bergmann)

P.
05.09.	**Westerhausen**, Joh. Andr. (Schuhm. in Münden) oo in Münden V: Westerhausen, Christoph + (Hufschmied)	**Voltrath**, Cathrine Elisabeth V: Voltrath, Christoph (Schuhmachermeister in Münden)

05.09.	**Anthor/Amdor**, Johann Berend (Hausmannsgeselle in Clausthal) V: Andor/Amdor, Johann Heinrich (Ackermann in Wollersleben)	**Gehrig**, Maria Elisabeth V: Gehrig, Johann Heinrich (Grubensteiger)

28.09.	**Trenkner**, Heinrich Thomas (Bergmann) V: Trenkner, Ernst +	**Rosenbusch**, Anna Elisabeth Wwe. des Obenauff, Joh. Heinrich

14.10.	**Cramm**, Johann Laurentius (Bergmann) V: Cramm, Georg + (Bergmann)	**Hollandt**, Dorothea Wwe. des Köhler, Johann Valentin (Köhlermeister)

24.10.	**Ernst**, Johann Dietrich (Nagelschmied) V: Ernst Johann Ernst + (Nagelschmied)	**Seifert**, Magdalena Cathrina V: Seifert, Joh. Caspar (Bergmann)

24.10.	**Störmer**, Georg Daniel (Bergmann) V: Störmer, Hans Caspar (Zimmermeister)	**Hartzig**, Dorothea Elisabeth V: Hartzig, Johann Georg (Puchsteiger)

31.10.	**Grummet**, Georg Heinr. (Untersteiger in Clausthal) V: Grummet,Christoph (Berggeschworener in Clausthal)	**Hartzig**, Cathrina Elisabeth V: Hartzig, Johann Michael (Grubensteiger)

31.10.	**Bergmann**, Andreas Heinrich (Bergmann) V: Bergmann, Andreas (Grubensteiger)	**Erdt**, Dorothea Elisabeth V: Erdt, Michael (Grubensteiger)

31.10.	**Köhler**, Friedrich David (Köhlermeister) V: Köhler, Hans Jürgen + (Köhlermeister)	**Wogen**, Sophia Elisabeth V: Wogen, Johann + (Hüttenwächter)
31.10.	**Walter**, Johann David (Ww., Fuhrherr)	**Haberland**, Anna Margretha Wwe. des Kessel, Bernhardt (Handelsmann)
12.11.	**Thiele**, David (Silberabtreiber auf hiesiger Hütte) V: Thiele, Johann David + (Braumeister in Clausthal)	**Mühlhahn**, Dorothea Elisabeth V: Mühlhahn, Jobst Reinhardt + (Bergschmiedmeister)
12.11.	**Francke**, Johann Christian (Bergmann) V: Francke, Martin + (Korntreiber)	**Hartwig**, Dorothea Catharina V: Hartwig, Joh. Georg (Zimmermann)
12.11.	**Hildebrandt**, Anthon (Bergmann) V: Hildebrandt Matthias (Köhler in Stiege)	**Wedeler**, Anna Magdalena V: Wedeler, Matthias (Bergmann)
?	**Berger**, Christian	**Preis**, Magdalena Rosina
18.11.	**Bock**, Christoph Gottfried (Bergmann) V: Bock, Joh. Valtin (Rademacher)	**Bergmann**, Anna Dorothea V: Bergmann, Joh. Michael (Bergmann)
18.11.	**Köhler**, Joh. Georg (Bergmann) V: Köhler, Joh. Georg + (Bergmann)	**Eberleh**, Sophia Christina V: Eberleh, Zacharias (Bergmann in Clausthal)
21.11.	**Hum**, Johann Valten (Bergmann) V: Hum, Joh. Bartoldt +	**Sticke**, Anna Elisabeth V: Sticke, Joh. Heinrich, Köhler +
21.11.	**Zwingmann**, Johann Christoph (Bergmann) V: Zwingmann, Johann +	**Ameiß**, Anna Eleonora V: Ameiß, Joh. Julius + (Bergmann)
21.11.	**Gerecke**, Hans Heinrich (Ww.)	**Waum**, Margaretha Wwe. des Heidecamp, Heinrich Christoph (Bergmann)
28.11.	**Berckfeldt**, Heinrich Andreas (Bergmann) V: Berckfeldt, Johann Heinrich + (Bergmann)	**Holtzapfel**, Anna Luciae N.N. (Leineweber in Herzberg)

1724

20.01. **Friedhof**, Jobst Christian (Bergmann)   **Kutscher**, Magdalena Elisabeth
        V: Friedhof, Andreas Dietrich +   V: Kutscher, Christoph,
                                                         (Bergmann)
        (Nagelschmied)

01.02. **Halbroht**, Christoph (Ww., Bäcker)   **Horbach**, Cathar. Maria
                                                         Wwe. des Triebel, Johann Paul,
                                                         (Bergmann in Clausthal)

09.02. **Schlößer**, Joh. Thomas (Bergmann)   **Morich**, Margar. Elisabeth
        V: Schlößer, Thomas   V: Morich, Jacob (Rademacher)
        (Bergmann)

10.02. **Doß**, Joh. Valten (Ww., Bergmann)   **Kieser**, Anna Maria
                                                         Wwe. des Meyer, Joh. Georg

20.02. **Jungmichel**, Johann Georg (Bäckermeister)   **Jacobi**, Cath.Elisabeth
                                                         V: Jacobi, Andreas +
                                                         (Einwohner von Wollershausen)

22.02. **Wigandt**, Johann Georg (Ww., (Bergmann))   **Dantz**, Anna Barba
                                                         V: Dantz, Matthias +
                                                         (Reisemann)

13.03. **Werner**, Johann Michael   **Köhler**, Anna Maria

18.03. **Höhne**, Joh.Martin   **Wedemann**, Anna Catharina

11.04. **Lohrengel**, Carsten (Hirte)   **Fricke**, Anna Dorothea
                                                         Wwe. des Hagemann, Caspar

02.05. **Ortmann**, Johann Christoph   **Kohlhase**, Dor. Elisabeth
        (Pastor in Thürungen Grafschaft Stolberg)   V: Kohlhase, Heinrich Michael
        V: Ortmann, Andreas   (Oberhüttenmeister auf hiesige
        (am Stadtgericht Stolberg)   Silberhütte)

04.05. **Mager**, Friedr. Andr. (Bergmann)   **Köhler**, Magr. Elisabeth
        V: Mager, Jobst   V: Köhler, Joh. Georg,
                                                         (Köhlermeister)

P.
08.06. **Schubert**, Thomas Michael (Bäcker)   **Blütung**, Anna Maria
        oo 06.06.1724 in Osterhagen   V: Blütung Balthasar
        V: Schubert, Thomas Michael   (Ackermann in Osterhagen)
        (Bäckermeister)

27.06. **Jahn**, Joh. Matthias (Bergmann)   **Reger**, Cathar. Elisabeth
        V: Jahn, Andreas   V: Reger, Georg + (Fleischer)
        (Bergschmied)

74

03.08.	**Michaelis**, Caspar Christoph (Bergmann) V: Michaelis, Johann Peter + (Bergmann in Clausthal)	**Mast**, Sophia Elisabeth V: Mast, Heinrich Engelhardt + (Müllermeister in Zorge)
31.08.	**Wellner**, Cornelius Michael (Bergmann) V: Wellner, Johann + (Bergmann)	**Ebeling**, Sophia Maria V: Ebeling, Christoph (Bergmann in Harzgerode)
31.08.	**Haideler**, Johann Georg (Ww., Bergmann)	**Emmert**, Anna margaretha V: Emmert, Heinrich+ (Kleinschmied)
10.10.	**Preuß**, Johann Christian (Bergmann) V: Preuß, Johann Christian + (Grubensteiger in Zellerfeld)	**Francke**, Dorothea Elisabeth Wwe. des Mühlhahn, Johann Martin, (Untersteiger)
12.10.	**Palm**, Elias (Bergmann) V: Palm, Joh. Valentin (Grubensteiger)	**Breitkopf**, Dorothea Magdal. V: Breitkoph, Johann Paul (Silberabtreiber in Clausthal)
12.10.	**Madelung**, Johann Michael (Bergmann) V: Madelung, Georg Sebastian (Bergmann in Zellerfeld)	**Palm**, Engel Dorothea V: Palm, Johann Valentin, (Grubensteiger)
P. 24.11.	**Ludolf**, Ludwig Caspar (Freiland u. Rittersaß in GroßenBrichter) oo in Großen Brichter/Brüchter V: Ludolf, Heinrich Ludolf + (Pastor in Wiedermuth)	**Kessel**, Anna Sophia V: Kessel, Thomas + (Kauf - und Handelsmann)
P. 24.11.	**Bartram**, Johann Valentin (Fuhrknecht) oo 31.10.1724 Sieber V: Bartram, Joh. Heinrich (Fuhrknecht auf Rothehütte)	**Lipps**, Cathrin. Margr. V: Lipps, Heinrich Arend (Hammerschmied auf der Sieber)
07.11.	**Warncke**, Johann Andreas (Ww.) (Müller in Steinrinner Mühle)	**Zincken**, Dorothea Elisab. V: Zincken, Conrad, + (Braumeister u. Büttner in Kloster Gernrode)
07.11.	**Kutscher**, Ernst Zacharias (Bergmann) V: Kutscher, Johann Caspar (Bergmann)	**Stöcker**, Anna Maria V: Stöcker, Andreas+ (Bergmann)
09.11.	**Wedemann**, Christian (Bergmann) V: Wedemann, Joh. Georg + (Bergmann)	**Hartwich**, Anna Maria V: Hartwich, Gottfried, +

09.11.	**Störmer**, Johann Elias (Bergmann) V: Störmer, Joh. Georg + (Bergmann)	**Fincke**, Sophia Maria V: Fincke, Gottfried+ (Grubensteiger)
16.11.	**Hertzer**, Johann Georg (Bergmann) V: Hertzer, Georg + (Reisemann)	**Köhler**, Susanna Margaretha V: Köhler, Andreas (Bergmann)
16.11.	**Köhler**, Georg Thomas (Nagelschmied) V: Köhler,Johann Georg (Nagelschmied)	**Preuß**, Maria Elisabeth V: Preuß, Matthias (Bergmann)
21.11.	**Rosenberger**, Johann Christoph (Knochenhauer und Koch) V: Rosenberger, Andreas (Knochenhauermeister)	**Pfeiffer**, Dorotheas Elisabeth V: Pfeiffer, Caspar, Fuhrmann
P. 23.11.	**Duchtefeld**, Georg Nicolaus (Bergmann) oo in Clausthal V: Duchtefeld, Andreas + (Bergmann in Clausthal)	**Unger**, Anna Christina V: Unger, Thomas Adam (Puchsteiger in Clausthal)
23.11.	**Hopp**, Johann Anthon (Bergmann) V: Hopp, Christoph, + (Bergmann)	**Rehms**, Dorothea Elisabeth V: Rehms, Johann Christoph, (Bergmann)
30.11.	**Banse**, Joh. Christian (Bergmann) V: Banse, Johann Georg (Bergschmied)	**Habicht**, Magdal. Catharina V: Habicht, Johann Caspar, (Bergmann)
30.11.	**Schneevoigt**, Johann Thiele (Ww., Bergschmied)	**Hertzer**, Maria Elisabeth Wwe. des Hertzer (Bergmann)

1725

16.01.	**Heise**, Andreas (Bergmann) V: Heise, Andreas + (Fuhrknecht in Osterode)	**Winter**, Maria Elisabeth V: Winter, Caspar (Reisemann)
18.01.	**Hauck**, Johann Thomas (Bergmann) V: Hauck, Johann Thomas (Bergmann)	**Bähr**, Maria Elisabeth V: Bähr, Johann Georg (Fuhrknecht in Clausthal)
04.02.	**Grosheim**, Bartholdt (Tischler in Teistungen) V: Grosheim, Liboria + (Adlichter Hofmeister)	**Zierberg**, Maria Elisabeth Wwe. des Wendeborn, Joh. Christoph (Bergmann)

15.02.	**Heinzmann**, Johann Heinrich (Ww., Bergmann)	**Zwingmann**, Anna Margaretha V: Zwingmann, Johann + (Leineweber)
22.03.	**Friedrich**, Daniel	**Halbroht**, Maria Magdalena
24.03.	**Neuland**, Heinrich	**Keydell**, Maria Magdalena
24.04.	**Hensch**, Zacharias Otto (Schichtmeister) V: Hensch, Michael (Subkonrektor der Stadtschule)	**Weihen**, Catharina Hedewig V: Weihen, Peter Carol. (Seelsorger u. Pastor in Thale)
25.04.	**Büttner**, Johann Caspar (Bergmann) V: Büttner, Joh. Heinrich + (Bergmann)	**Gronen**, Magdalena Dorothea V: Gronen. Adam + (Musiker)
14.06.	**Kaufmann**, Heinrich Sebastian (Brauknecht) V: Kaufmann, Zacharias (Fuhrmann)	**Bergmann**, Dorothea Maria V: Bergmann, Johann Bernhardt (Bergschmied)
21.06-	**Zänker**, Caspar Christian (Bergmann) V: Zänker, Joh. Thomas + (Bergmann)	**Schneider**, Maria Magdalena V: Schneider, Christian + (Bergmann)
P. 08.07.	**Müller**, Christoph (Ackermann in Quedlinburg) oo in Quedlinburg V: Müller, Joh. Heinrich + (Tagelöhner)	**Bergmann**, Anne Magdalena V: Bergmann, Georg Caspar + (Bergmann)
05.09.	**Oberhagen**, Joh. Georg (Bergmann) V: Oberhagen, Joh. Hermann (Zimmermann)	**Holtzapfel**, Anna Magdal. V: Holtzapfel, Joh. Andreas (Hofmeister in Hüttenrode)
05.09.	**Francke**, Caspar Elias (Bergschmied i. Harzgerode) V: Francke, Johann + (Korntreiber)	**Baumann**, Dor. Margar. V: Baumann, Johann Andreas (Bergmann in Harzgerode)
10.09.	**Ostmann**, Ernest Christoph (Buchdrucker in Wernigerode) V: Ostmann, Joh. Heinrich (Handelsmann in Wernigerode)	**Rochlitz**, Johanetta Elisabeth Gottlieb V: Rochlitz, Samuel, Dr. med. (Bergmediziner, Stadtphysici in St. Andreasberg)
13.09.	**Schier**, Johann Salome (Bergmann) V: Schier, Salomon (Haldensteiger)	**Fuchs**, Maria Magdalena V: Fuchs, Hans (Schuhmacher)

27.08.	**Hoppmann**, Johann Andreas (Bergmann) V: Hoppmann, Michael + (Grubensteiger)	**Schlößer**, Anna Maria V: Schlößer, Simon + (Grubensteiger in Clausthal)
16.10.	**Kahlenberg**, Johann (Bergmann) V: Kahlenberg, Philipp + (Bergmann)	**Bönholtz**, Anna Margaretha V: Bönholtz, Lorentz (Fuhrmann)

P.

11.10.	**Polsdorf**, Johann Georg (Ww., Bergmann) oo in Altenau	**Teichmann**, Maria Elisabeth V: Teichmann, Johann Michael (Bergmann)
08.11.	**Woge**, Johann Caspar (Hüttenmann) V: Woge, Johann + (Hüttenwächter)	**Prößel**, Anna Magdalena V: Prößel, Ernest (Ratsverwandter)
08.11.	**König**, Johann Gotfriedt (Bergmann) V: König, Caspar + (Nagelschmied)	**Gödecke**, Anna Dorothea V: Gödecke, Justus Bernhard (Braumeister)
08.11.	**Bock**, Johann Thomas (Bergmann) V: Bock, Heinrich + (Grubensteiger)	**Gebbert**, Margaretha Magdalena V: Gebbert, Jacob (Bergmann)
10.11.	**Kohlmann**, Heinrich Conrad V: Kohlmann, Conrad (Kunststeiger)	**Preiß**, Catharina Elisabeth V: Preiß, Andreas + (Bergmann)
15.11.	**Bock**, Johann Caspar (Bergmann) V: Bock, Johann Christoph (Bergschmied)	**Kutscher**, Dorothea Elisabeth V: Kutscher, Johann Valentin, (Bergmann)
15.11.	**Henkel**, Johann Georg (Ww., Bergmann)	**Brauer**, Dorothea Magdalena V: Brauer, Christoph (Bergmann)
22.11.	**Kiesewetter**, Andreas (Bergmann) V: Kiesewetter, Johann Georg (Puchsteiger)	**Keidell**, Magdalena Elisabeth V: Keidell, Elias + (Fuhrmann in Zellerfeld)
22.11.	**Halbroht**, Georg Christian (Bergmann) V: Halbroht, Christoph (Bäcker)	**Schwanhäuser**, Catharina Elisabeth V: Schwanhäuser, Georg + (Bergmann)
03.12.	**Jeger**, Ernst Michael (Pucharbeiter) V: Jeger, Joh. Georg + (Knochenhauer)	**Schmidt**, Lucia Margaretha V: Schmidt, Joachim (Ratsstadtdiener)

06.12.	**Holland**, Johann Christoph (Köhler) V: Holland, Liborius (Köhlermeister)	**Franken**, Anna Elisabeth V: Francken, Johann (Korntreiber)
30.12.	**Molle**, Johann Heinrich (Bergschmied)	**Ellissen**, Anna Dorothea V: Elissen, Anthon + (Schuldiener)

1726

17.01.	**Bock**, Johann Wilhelm (Bergmann) V: Bock, Johann Georg (Zimmermann in Clausthal)	**Schlösser**, Marta Elisabeth V: Schlösser, Johann Georg (Bergmann)
23.01.	**Berkefeld**, Andreas Stephan (Bergmann) V: Berkefeld, Heinrich + (Bergmann)	**Reiß**, Dorothea Maria V: Reiß, Röttcher (Bergschmied)
24.02.	**Bock**, Gerhard Andreas (Bergmann) V: Bock, Heinrich + (Grubensteiger)	**Degenhart**, Catharina Margarethe V: Degenhart, Johann Georg (Nagelschmiedmeister in Lauterberg)
06.03.	**Melich**, Johann Friedrich (Verwalter des Klosters Ilfeld in Nordhausen) V: Melich, Nicolai, Freisasse in Tettenborn	**Mühlhahn**, Johanne Maria V: Mühlhahn, Georg Nicolai Bergmeister in St. Andreasberg
06.03.	**Obenauff**, Georg August (Bergmann) V: Obenauff, David + (Puchsteiger)	**Wendeborn**, Charlotte Wilhelme V: Wendeborn, Johan Georg + (Bergmann)
P. 23.04.	**Wiegand**, Georg Christian (Bergmann) oo in Herzberg V: Wiegand, Heinrich Nicolaus (Bergmann)	**Gärtner**, Sophie Magdalene V: Gärtner, Simon (Bürger in Herzberg)
09.05.	**Hartzig**, Michael Christoph (Bergmann) V: Hartzig, Anthon (Bergmann)	**Kruschwitz**, Maria Magdalene V: Kruschwitz, Michael, (Grabensteiger)
14.05.	**Bergmann**, Johann Michael (Ww., Bergmann)	**Petzel**, Catharina Maria Wwe. des Hieronymus Keydel
04.06.	**Hoffmann**, Joh. Heinrich (Bergmann) V: Hoffmann, Joh. Elias (Bergmann)	**König**, Anna Dorothea V: König, Abraham (Bergmann)

06.06.	**Zeitz**, Joh. Engelhard (Musikus in Braunlage) V: Zeitz, Christian (Glasermeister in Steina)	**Bindseil**, Anna Elisabeth V: Bindseil, Joh. Heinrich (Untersteiger)
13.06.	**Hering**, Johan Andreas (Bergmann) V: Hering, Johan Adolph (Schneider)	**Pollenweg**, Dorothea Margaretha Wwe. des Adam Gronen

P.

08.10.	**Wellner**, Johan Ernst (Fuhrmann) oo in Uslar V: Wellner, Heinrich (Fuhrmann)	**Pabst**, Dorothea Catharina V: Pabst, Achatz (Hammerschmied in Uslar)
10.10.	**Trübel**, Heinrich Valentin (Bergmann) V: Trübel, Johann Andreas (Bergmann in Lautenthal)	**Wiegand**, Catharina Margaretha V: Wiegand, Nikolai, (Bergmann)
31.10.	**Heger**, Johann Georg (Bergmann) V: Heger, Andreas + (Bergmann)	**Dannenberger**, Dor. Magdal. V: Dannenberger Joh. Ernst (Grubensteiger)
31.10.	**Schneider**, Johann Ernst Cyriacus (Bergmann) V: Schneider, Christian Andreas (Bergmann)	**Zäncker**, Anna Maria V: Zäncker, Johannes Thomas (Bergmann)
31.10.	**Schellbach**, Christoph Erhardt (Bergmann) V: Schellbach, Joh. Heinr. (Bergmann)	**Bock**, Maria Elisabeth V: Bock, Johann Caspar (Bergmann)
08.11.	**König**, Caspar (Bergmann) V: König, Caspar+ (Nagelschmiedemeister)	**Baumann**, Dor. Magdalena V: Baumann, Christian (Bergmann)
08.11.	**Henckel**, Andreas (Bergmann) V: Henckel, Joh. Michael (Bergmann)	**Humm**, Dor. Catharina V: Humm, Johann Bartholdt, (Bergmann)
21.11.	**Wolter**, Joh. Andreas (Bergmann) V: Wolter, Heinrich	**Schrader**, Maria Elisabeth V: Schrader, Magnus (Bergmann)
21.11.	**Heinrich**, Georg Andreas (Bergmann) V: Heinrich, Georg + (Bergschmied in Freiberg)	**Sommer**, Maria Christine V: Sommer, Michael (Bergmann)
28.11.	**Fischer**, Joh. Ernst (Bergmann) V: Fischer, Joh. Georg (Bergmann)	**Henckel**, Engel Dorothea V: Henckel, Nicolai (Bergmann)

28.11.	**Stiffert**, Johann Andreas (Bergmann) V: Stiffert, Joh.Caspar + (Bergmann)	**Kaufmann**, Anna Margaretha V: Kaufmann, Melchior (Bergmann)
28.11.	**Reiß**, Georg Thomas (Bergmann) V: Reiß. Röttcher (Bergschmied)	**Rancke**, Elisab. Margartha V: Rancke, Johann Michael, (Bergmann in Clausthal)
P. 28.11.	**Preiß**, Joh. Friedr. (Schuhmachermeister) oo in Wernigerode V: Preiß, Joh. Friederich (Schmelzer in St. Andreasberg)	**Struck**, Johanna Dorothea V: Struck, Michael Anton (Gräfl. Stolberg. Hof-u. Kanzlei Buchdrucker in Wernigerode)

1727

P. 08.01.	**Berndes**, Julius (Handelsmann in Braunschweig) oo in Braunschweig V: Berndes, Johann (Ratsverwandter, Handelsmann in Braunschweig)	**Drönwolf**, Maria Sophie V: Drönwolf, Caspar Ludwig (Schichtmeister in St. Andreasberg)
P. 06.02.	**Westerhausen**, Johann Georg (Schuhmacher) oo in Hoppenstedt V: Westerhausen, Christoph + (Bergschmied)	**Götting**, Cathar. Hedwig V: Götting, Rudoph, Jäger und (Förster)
26.02.	**Berkefeld**, Christian (Bergmann) V: Berkefeld, Christoph (Bergmann)	**Möhr**, Magdal. Maria V: Möhr, Johann Georg, (Bergmann)
27.02.	**Gärtner**, Georg Heinrich (Bergmann) V: Gärtner, Georg (Grubensteiger)	**Keydel**, Catharina Magdalena V: Keydel, Christian (Sattler)
15.04.	**Rosenbusch**, Joh. Georg (Ww., Puchsteiger)	**Schäfer**, Anna Magdalene Wwe. des Breitner, Matthias Gabriel (Bergmann)
21.04.	**Dankwerth**, Benedictus (Pastor) Johann Günther V: Dankwerth, Joh. Friedrich (Schatz- u. Licenteinnehmer in Bodenfelde)	**Fontamèr**, Johanna Dorothea V: Fontamèr, Francisci, + (gewesener Hochlandgräfl. erster Kasselischer Hofbedienter)

24.04.	**Wedler**, Johann Michael (Bergmann) V: Wedler, Johann Christoph + (Bergmann)	**Walter**, Anna Margar. V: Walter, Peter + (Nagelschmiedmeister)
29.04.	**Schlösser**, Joh. Thomas (Ww., Bergmann)	**Kruschwitz**, Anna Elisabeth V: Kruschwitz, Michael (Grabensteiger)
01.05.	**Fischer**, Edmund (Bergmann) V: Fischer, Johann Peter (Bergmann)	**Sticke**, Anna Maria V: Sticken, Heinrich+ (Köhler)
20.05.	**Lücke**, Johann Balthasar (Bergmann) V: Lücke, Thomas + (Braumeister)	**Görlitz**, Anna Eliese V: Görlitz, Thomas (Berggeschworener)
20.05.	**Ullrich**, Johann Heinrich (Bergmann) V: Ullrich, Gregorii (Bergmann	**Stieglitz**, Anna Maria V: Stieglitz, Joh. Heinrich + (Bergmann)
28.05.	**Weidemann**, Andreas (Bergmann) V: Weidemann, Joh. Georg (Bergmann)	**Peller**, Anna Margar. V: Peller, Joh. Georg (Bergmann)
03.06.	**Nicolai**, Johann Barthold (Ww., Fuhrknecht)	**Fricke**, Cath. Elisabeth V: Fricke, Georg (Hüttenmann auf Sieber)
26.06.	**Reicholt**, Johann Nicolaus V: Reicholt, Johann	**Homburg**, Charlotte Helene V: Homburg, Christoph (Kramer)
31.06.	**Walter**, Johann Dietrich (Bergmann) V: Walter, Johann + (Handelsmann)	**Bergmann**, Anna Margaretha V: Bergmann, Johann Behrend, (Bergmann und Bergschmied)
17.07.	**Preiß**, Johann Friedrich (Bergmann) V: Preiß, Andreas + (Bergmann)	**Klingsöhr**, Anna Magdalena V: Klingsöhr, Christoph (Zimmermeister)
22.07.	**Sanderhoff**, Johann Adam (Mahlmeister in der Obermühle zu Heringen) V: Sanderhoff, Johan Lorentz (Müller zu Sundhausen)	**Kessel**, Catharine Maria V: Kessel, Joh. Bernhard (Handelsmann)
19.08.	**Balhausen**, Christoph (Bergmann) V: Balhausen, Christoph + (Fuhrmann)	**Ernst**, Margaretha Elisabeth V: Ernst, Andreas (Schafmeister in Hörden)
21.08.	**Hering**, Martin (Ww., Bergmann)	**Sticke**, Dorothea Catharina V: Sticke, David (Köhlermeister)

15.09.	**Trenckner**, Friedrich	**Rosenbusch**, Anna Maria
22.09.	**Görlitz**, Johann Jacob (Schichtmeister) V: Görlitz, Thomas (Berggeschworener)	**Schreiber**, Catharina Elisabeth V: Schreiber, Thomas (Ratsverwandter u. Schichtmeister)
24.09.	**Fricke**, Johann Heinrich (Bergmann) V: Fricke, Joh. Heinrich + (Bergmann)	**Lichtenberg**, Dorothea Elisabeth V: Lichtenberg, Georg Thomas (Bergmann in Clausthal)
02.10.	**Kern**, Johann Michael (Bergmann) V: Kern Johann Georg +	**Prössel**, Catharina Margaretha V: Prössel, N.N. + (Bergmann)
04.10.	**Künhold**, Christ.	**Vogel**, Anna Margaretha
P. 14.10.	**Trenckner**, Leopold (Bergmann) oo in Clausthal V: Trenckner, Johann (Bergmann)	**Schmidt**, Geisa Magdalena V: Schmidt, Christoph, (Obersteiger in Clausthal)
27.10.	**Bertram**, Andreas (Ww.) (Holzhauer zu Lucashof b. Elbingerode)	**Baumgarten**, Anna Catharina V: Baumgarten, Lorentz, (Böttcher in Benneckenstein)
30.10.	**Schumann**, Heinrich Christoph (Organist und Schuldiener in Lauterberg) V: Schumann, Heinrich Georg (Kirchenvorsteher u. Zeugmacher in Stöckey)	**Otte**, Catharina Margaretha V: Otte, Johann Valentin (Obersteiger)
30.10.	**Fuchs**, Joh. Christoph (angehender Handelsmann) V: Fuchs, Johann + (Schuhmacher)	**Loddies**, Clara Margaretha Nicola V: Loddies, Heinrich Thomas (Schloßgärtner zu Herzberg)
30.10.	**Kind**, Jacob Michael (Zimmergesell) V: Kind, Johann Heinrich (Bergmann in Clausthal)	**Schorler**, Anna Maria V: Schorler, Georg Christoph (Bergmann)
13.11.	**Peschau**, Christian Abraham (Bergmann) V: Peschau, Johann Georg (Bergmann)	**Fischer**, Anna Sabina V: Fischer, Valentin (Bergmann)
18.10.	**Günther**, Johann Georg (Bergmann) V: Günther, Joh. Georg, + (Grubensteiger)	**Kruschwitz**, Anna Margaretha V: Kruschwitz, Paul Dietrich (Berggeschworener)

P.
18.11.   **Apel**, Johann Nicolaus (Bergschmied)   **Peine**, Dor. Elisabeth
oo in Herzberg   V: Peine, Joh. Bartholdus
V: Apel, David   (Handelsmann in Herzberg)
(Müller in der Untermühle)

P.
18.11.   **Wolf**, Joh. Bartholdt (Bergmann)   **Messerschmidt**, Anna Dorothea
oo in Sülzhagen   V: Messerschmidt, Peter
V: Wolf, N.N.+
(Bergmann)

20.11.   **Bergmann**, Joh. Michael (Bergmann)   **Abendroht**, Catharina Elisabeth
V: Bergmann, Joh. Michel +   V: Abendroht, Johann Christoph
(Bergmann)   (Braumeister)

20.11.   **Seifert**, Michel Gotfriedt (Bergmann)   **Schneider**, Maria Magdalena
V: Seifert, Hans +   V: Schneider, Georg Christian
(Bergmann)   (Bergmann)

20.11.   **Bindseil**, Johann Heinrich (Bergmann)   **Seifert**, Anna Dorothea
V: Bindseil, Joh. Heinrich +   V: Seifert, Johann Christoph,
(Untersteiger)   (Bergmann)

P.
25.11.   **Apel**, Joh. Andreas (angehender Müller i. Herzberg)   **Schuster**, Benedicta Elisabeth
oo in Herzberg   Wwe. des Sander, Just Heinrich
V: Apel, David,   (Musiker in Herzberg)
(Müller in der Untermühle)

25.11.   **Wellner**, Johann Ernst (Köhlergeselle)   **Rosenberger**, Anna Elisabeth
V: Wellner, Jacob   V: Rosenberger, Christoph
(Köhlermeister)   (Einwohner in Braunlage)

04.12.   **Weidemann**, Joh. Michael (Bergmann)   **Lesmann**, Cathar. Hedewig
V: Weidemann, Elias +   V: Lesmann, Johann Heinrich
(Bergmann)   (Einwohner auf Königshof u.
   Schmelzer auf hiesiger
   Silberhütte)

04.12.   **Isentrut**, Andreas   **Beustershausen**, Anna
   Magdalena

27.12.   **Horre**, Jacob (Ww., Bergmann)   **Berger**, Judith
   Wwe. des Dolen (Büttner in
   Benneckenstein)

1728

28.01.	**Fischer**, Andreas (Bergmann) V: Fischer, Hans + (Zimmermann)	**Dantz**, Margaretha V: Dantz, Andreas + (Handelsmann)
05.02.	**Günther**, Johann Heinrich (Tischlermeister) V: Günther, Thomas + (Grubensteiger)	**Jacobs**, Maria Magdalena V: Jacobs, Heinrich (Knochenhauermeister in Zellerfeld)
12.02.	**Pabst**, Johann Christian (Bergschmied) V: Pabst, Joh. Christoph (Bergschmied)	**Bundseill**, Eleonora Sophie V: Bindseill, Johann Heinrich + (Untersteiger)
20.04.	**Dannenberger**, Caspar (Obersteiger) V: Dannenberger, Tobias (Obergeschworener)	**Woldershausen**, Anna Eleonora V: Woldershausen, Justus Heinrich + (Pastor in Wülfingerode u. Ascherode Grafschaft Hohnstein)
22.04.	**Janson**, Heinrich Andreas (Bergmamm) V: Janson, Christian + (Hüttenmann zur Sieber)	**Schlamelcher**, Clara Catharina V: Schlamelcher, Heinrich Christoph (Bergmann)
18.05.	**Marcks**, Johann Christoph (Bergmann) V: Marcks, Joh. Georg (Grubensteiger)	**Pfeiffer**, Catharina Margaretha V: Pfeiffer, Christoph (Fuhrmann)
01.06.	**Viertellhausen**, Joh. Andreas (Ww.) (Organist u. Schuldiener in Sieber)	**Müller**, Anna Magdalena V: Müller, Peter + (Tischler)
01.06.	**Bock**, Christian	**Peschau**, Mar. Elisabeth
17.06.	**Kraus**, Justus (Bergmann) V: Kraus, Joh. Georg + (Bergmann)	**Röhrig**, Anna Barbara V: Röhrig, Andreas (Zimmermann)
21.06.	**Eckelmann**, Justus (Silberabtreiber auf hiesiger Silberhütte)	**Dehm**, Catharina Margaretha V: Dehm, Christoph (Bergmann)
05.07.	**Butler**, Jacobus	**Kaufmann**, Margar. Elisabeth
15.07.	**Peschau**, Johann Georg (Bergmann) V: Peschau, Joh. Georg (Bergmann)	**Fischer**, Magdalena Rosina V: Fischer, Valten (Bergmann)

19.08.	**Köhler**, Johann Heinrich (Schneidermeister) V: Köhler, Adam Heinrich (Brauer u. Schneider)	**Hoppmann**, Anna Magdalena (Wwe. des Heneler, Johann Bergmann)
20.08.	**Schengler**, Andreas Conrad (Bergmann) V: Schengler, Andreas + (Fuhrmann in Clausthal)	**Holtzborn**, Anna Dorothea V: Holtzborn, Hans Christoph (Bergmann)
16.09.	**Friedhof**, Johann Daniel (Bergmann) V: Friedhof, Andreas Dietrich (Nagelschmied)	**Schwanhäuser**, Catharina Margaretha V: Schwanhäuser, Georg (Bergmann)
28.09.	**Engelcke**, Georg (Bergschmied) V: Engelcke, Joh. Georg + (Schafmeister im Amt Clettenberg)	**Voigt**, Maria Magdalena V: Voigt, Joh. Georg + (Bergmann)
30.09.	**Örtell**, Johann Lorentz (Bergmann) V: Örtell, Joh. Christian + (Bergmann)	**Hoffmann**, Dorothea Maria V: Hoffmann, Johann Peter (Hüttenmann)
03.10.	**Aberein**, Joh. Christoph (Bergmann)	**Beutler**, Eleonora Sophia
P. 05.10.	**Schlegel**, Johann Gotfriedt (Bergmann) oo in Clausthal V: Schlegel, Christoph (Bergmann)	**Nauen**, Dorothea Elisabeth V: Nauen, Johann, + (Bergmann in Clausthal)
14.10.	**Sticke**, Heinrich Sebastian (Bergmann) V: Sticke, Joh. Heinrich + (Köhler)	**Hauck**, Dorothea Elisabeth V: Hauck, Johann Thomas, (Bergmann)
21.10.	**Krückert**, Thomas Heinrich (Bergmann) V: Krückert, Andreas	**Bergmann**, Maria Elisabeth V: Bergmann, Johann Georg + (Grubensteiger)
21.10.	**Schorler**, Johann Georg (Bergmann) V: Schorler, Georg Christoph	**Bein**, Maria Elisabeth V: Bein, Johann Adam (Grubensteiger)
P. 05.11.	**Haberland**, Johann Andreas (Untersteiger) oo in Sieber V: Haberland, Johann (Bergmann)	**Wallis**, Catharina Margaretha V: Wallis, Burchardt + (Bürgermeister u. Holzherr in Herzberg)
05.11.	**Seifert**, Johann Gotfriedt (Bergmann) V: Seifert, Johann Just (Bergmann)	**Memecke/Memke**, Anna Magdalena V: Memecke, Andreas (Leineweber in Lauterberg)

05.11.	**Lechten**, Andreas Christoph (Bergmann) V: Lechten, Heinr. Christoph (Bergmann)	**Lorentz**, Dorothea Magdalena V: Lorentz, Georg Christoph, (Bergmann)
11.11.	**Winter**, Johann Caspar (Bergmann) V: Winter, Caspar (Bergmann)	**Köhler**, Anna Catharina V: Köhler, Hans Caspar, (Bergmann)
11.11.	**Koch**, Johann Christoph (Bergmann) V: Koch, Hans (Schuhmacher)	**Schiers**, Maria Elisabeth V: Schiers, Salomon + (Bergmann)

P.

11.11.	**Engelcke**, Andreas (Ww., Holzhauer) oo in Altenau	**Häger**, Anna Margaretha V: Häger, Joh. Georg (Bergmann)
16.11.	**Bergmann**, Johann Georg (Bergmann) V: Bergmann, Georg Caspar +	**Kahle**, Anna Regina V: Kahle, Heinrich (Bergmann)
18.11.	**Pallm**, Johann Michael (Ww., Grubensteiger)	**Prößell. Anna Barbara**, V: Prößell, Ernst, (Ratsverwandter)
18.11.	**Dost**, Johann Valentin (Bergmann) V: Dost, Valentin (Bergmann)	**Billig**, Margaretha Elisabeth V: Billig, Johann Ernst (Bergmann)
18.11.	**Funke**, Johann Gotfriedt (Bergmann) V: Funke, Gottfriedt + (Grubensteiger)	**Koch**, Margaretha Elisabeth V: Koch, Joh. Georg + (Ackermann in Schwiegershausen)
25.11.	**Wedeler**, Johann Georg (Bergmann) V: Wedeler, Matthias (Bergmann)	**Schlößer**, Margaretha Magdalena V: Schlößer, Peter+ (Bergmann)
02.12.	**Schnur**, Johann Jobst (Bergschmied) V: Schnur, Johann Matthias (Bergschmiedemeister)	**Otten**, Anna Catharina V: Otten, Johann Valentin (Obersteiger)
02.12.	**Bönholtz**, Johann Daniel (Bergmann) V: Bönholtz, Lorentz (Fuhrknecht)	**Fricke**, Catharina Elisabeth V: Fricke, Johann (Fuhrknecht)

1729

P.

14.01.	**Berger**, Johann Heinrich (Nagelschmiedegeselle) oo in Sieber V: Berger, Hans + (Nagelschmied in Benneckenstein)	**Köhler**, Anna Eliesabeth
31.01.	**Münterlein**, Christoph (Ww., Bergmann)	**von Hoffe**, Anna Rosina V: von Hoffe, Peter, + (Licentschreiber in Scharzfeld)
08.02.	**Heidler**, Johann Christoph (Bergmann) V: Heidler, Christoph (Bergmann)	**Ernemann**, Catharina Eliesabeth V: Ernemann, Conrad (Schmelzer in Lauterberg)
10.02.	**Hering**, Johann Heinrich (Ww., Bergmann)	**Schlößer**, Anna Margaretha V: Schlößer, Andreas + (Bergmann)
19.02.	**Bock**, Johann Michael (Bergschmied) V: Bock, Hans Georg + (Nagelschmied in Benneckenstein)	**Seiffert**, Dorothea Elisabeth V: Seiffert, Caspar (Bergmann)
20.04.	**Knoblauch**, Andreas	**Steck**, Anna Magdalena
04.05.	**Scheidemann**, Christoph	**Hänckell**, Cath. Eliesabeth
12.05.	**Gödecke**, Johann Tobias (Bergmann) V: Gödecke, Heinrich + (Handelsmann)	**Weidemann**, Engel Dorothea V: Weidemann, Johann Valten
12.05.	**Friedrich**, Johann Daniel (Ww., Bergmann)	**Preoß**, Dorothea Elisabeth V: Preiß, Martin + (Stollensteiger)
07.06.	**Bosse**, Christian (Ww., Bergmann)	**Martin**, Maria Sophia V: Martin, Christian, (Bergmann in Clausthal)
14.06.	**Herberger**, Thomas (Bergmann) V: Herberger, Thomas (Bäcker)	**Holtzborn**, Anne Catharina Wwe. des Flechsig, Gotfriedt, (Bergmann)
14.06.	**Wirthahn**, Heinrich Thomas (Holzhauer) V: Wirthahn, Thomas + (Holzhauer)	**Kaufmann**, Catharina Elisabeth V: Kaufmann, Hieronymus, (Bergmann)
07.07.	**Reichart**, Joh. Heinrich (Ww., Bergmann)	**Schlößer**, Cath. Margaretha V: Schlößer, Andreas, (Büttnermeister)

14.07.	**Keydel**, Zacharias (Ww., Bergmann)	**Große**, Maria Elisabeth V: Große, Just Heinrich + (Brauer u. Schneider in Herzberg)

P.
21.07.	**Hoffmann**, Joh. Christian (Bergmann) V: Hoffmann, Peter (Hüttenmann)	**Hesse**, Martha Eliesabeth V: Hesse, Christoph + (Schuhmacher in Zorge)
12.08.	**Vollprecht**, Johan Georg	**Voigt**, Magdalena Catharina
21.08.	**Schomburg**, Johan Christoph (Bäckermeister) oo in Clausthal V: Schomburg, Johan Just (Bäcker in Zellerfeld)	**Ameis**, Maria Eleonora V: Ameis, Johan Matthias, (Bergmann in Clausthal)

P.
04.09.	**Rosenberger**, Joh. Caspar (Knochenhauermeister) oo 05.09. in Clausthal V: Rosenberger, Joh. Caspar + (Knochenhauermeister)	**Hertzer**, Anna Johanna V: Hertzer, Johan Georg (Knochenhauermeister in Clausthal)
08.09.	**Zimmer**, Christoph (Ww., Bergmann)	**Cöler/Köhler**, Anna Christina V: Cöer/Köhler, David (Einwohner in Lauterberg)
10.09.	**Haideler**, Johan Michaell	**Thiele**, Maria Margaretha
15.09.	**Spengler**, Nicolay (Ww., Bergmann)	**Schmidt**, Catharina Margaretha V: Schmidt, Joachim + (Ratsherr. Stadtdiener)
16.10.	**Wogen**, Johan Caspar (Ww., Hüttenmann) oo in Herzberg	**Bartenhorst** , Anna Elisabeth V: Bartenhorst, Andreas (Brauer, Bäckermeister)
18.10.	**Meyer**, Christian (Pucharbeiter) V: Meyer, Michael Daniel (Bergmann)	**Freiboth**, Anna Maria V: Freiboth, Henr. (Schmelzer in Altenau)
18.10.	**Giesecke**, Johan Zacharias (Ww., Bergmann)	**Reder**, Anna Margaretha Wwe. des Fuhrmann, Georg Michael (Bergmann in Clausthal)
27.10.	**Hellmann**, Ludew. Andr. (Schneider) V: Hellmann, Joachim Andr. + (Pastor in Werna u. Sulthagen)	**Stöltner**, Johanna Dorothea V: Stöltner, Johann Georg (Berggeschworener u. Ratsverwandter)

03.11.   **Ritter**, Johan Christian (Verwalter in Osterode)   **Westphall**, Margareth. Elisab.
         V: Ritter, Christian +   V: Westphall, Justus
         (Förster in Scharzfeld)

03.11.   **Hoffmann**, Johan Elisas (Bergmann)   **Francke**, Anna Barbara
         V: Hoffmann, Johan Elias   V: Francke, Valtin +
                                                              (Kornhändler)
         (Bergmann)

21.11.   **Gärtner**, Johann Tobias (Bergmann)   **Görlitz**, Maria Elisabeth
         V: Gärtner, Georg   V: Görlitz, Thomas +
         (Obersteiger)   (Geschworener u.
                                                              Ratsverwandter)

21.11.   **Mindell**, Johann Christian (Bergmann)   **Marx**, Anna Margaretha
         V: Mindell, Christian   V: Marx, Joh. Georg +
         (Bergschmied)   (Obersteiger)

21.11.   **Gereke**, Johan Caspar (Bergmann)   **Vietgen**, Maria Elisabeth
         V: Gereke, Zacharias +   V: Vietgen, Johan Ludolf
         Bergmann

21.12.   **Kramer**, Johan Ludolff (Ww.)   **Bacherott**, Maria Catharina
         (Kauf- und Handelsmann)   V: Bacherott, Georg Julius
                                                              (Kauf- u. Handelsmann in
                                                              Sondershausen)

29.12.   **Görlitz**, Johan Justus (Untersteiger)   **Warnecke**, Catharina Heidewieg
         V: Görlitz, Thomas   V: Warnecke, Johan Christoph
         (Berggeschworener)   (Müller)

14.12.   **Glitz**, Johan Henrich (Fuhrmann in Ellrich)   **Goedecke**, Anna Barbara
         V: Glitz, Johan Jacob   V: Goedecke, Just +
         (Fuhrmann in Ellrich)   (Braumeister)

14.12.   **Bönholtz**, Johan Georg (Bergmann)   **Ernemann**, Dorothea Maria
         V: Bönholtz, Lorentz   V: Ernemann, Conrad
         (Fuhrknecht)   (Schmelzer in Lauterberg

1730

05.01.   **Schmidt**, Caspar Andreas (Grubensteiger)   **Abendroth**, Anna Maria
         V: Schmidt, Abraham +   V: Abendroth, Johan +
                                                              (Bergmann)

12.01.   **Triebell**, Caspar Christian (Bergmann)   **Biegemann**, Catharina Elisabeth
         V: Triebell, Martin   V: Biegemann, Johan Bernd
         (Bergmann)   (Bergschmiedemeister)

19.01.   **Kleppel**, Johann (Schuhknecht)   **Jungnickel**, Elisabeth Catharina
         gebürtig von Ellrich

26.01.	**Hartzig**, Henrich Christoph (Bergmann) V: Hartzig, Johan Bernhardt (Bergmann in Clausthal)	**Danz**, Anna Maria V: Danz, Glaser +
03.02.	**Bergmann**, Andreas Michael (Untersteiger) V: Bergmann, Michael + (Bergmann)	**Keidell**, Dorothea Margar. V: Keidell, Christian (Sattlermeister)
09.02.	**Panse**, Johan Bernhard (Bergmann) V: Panse, Johan Georg (Bergschmied)	**Hensch**, Sophia Heidewieg V: Hensch, Michaell (Subkonrektor)
09.02.	**Riemenschneider**, Joh. Andreas (Mühlenarbeiter auf hiesiger Blaufärber Mühle) V: Riemenschneider, Johann Joachim + (Küster u. Schulmeister in Lautenthal)	**Ameis**, Clara Catharina V: Ameis, Johan Julius + (Bergmann)
19.02.	**Grose**, Johan Jacob (Bäcker) V: Grose, Peter (Huf- u. Grobschmied in Scharzfeld)	**Burg**, Catharina Elisabeth Wwe. des Keidell, Heinrich Georg, (Obersteiger)
16.02.	**Schlösser**, Johan Andreas (Büttner) V: Schlösser, Andreas (Büttnermeister)	**Klingsöhell**, Margaretha Magdalena V: Klingsöhell, Georg Christoph (Ratszimmermeister)
16.02.	**Sticken**, Johan Caspar (Bergmann) V: Sticken, David + (Köhlermeister)	**Wendeborn**, Catharina Margaretha V: Wendeborn, Johann + (Bergmann)
23.02.	**Panse**, Johan Ernst (Köhlerläufer auf der Silberhütte) V: Panse, Johan Enrst (Einwohner u. Köhler in Uslar)	**Flach**, Johanna Dorothea V: Flach, Bartholdus + (Bergmann)
20.04.	**Molle**, Johan Henrich (Ww.) (Bergschmiedemeister)	**Nicolai**, Dorothea Catharina V: Nicolai, Johan Conrad + (Handwerksmeister der Schmiedegilde, Vorsteher der Kirche in Altendorf in Nordhausen)

P.
16.04. **Reis**, Johan Heinrich (Bergschmied)   **Grimm**, Anna Barbara
23.04. oo Wieda   V: Grimm, Christoph
        V: Reis, Röttger   (Einw, u. Schneider in Wieda)
        (Bergschmied)

25.05. **Bergener**, Johann Christian   **Bindseill**, Anna Margaretha
        (Bergmann in Zellerfeld)   V: Bindseill, Johan Henrich +
        V: Bergener, Johan Andreas   (Untersteiger)
        (Bergmann in Zellerfeld)

28.05. **Seiffart**, Henrich Michael (Ww., Puchsteiger) **Krieghoff**, Anna Sabina
                                                        V: Krieghoff, Liborius
                                                        (Weißbäcker in Ellrich)

28.05. **Pothe**, Andreas Christoph (Ww., Hüttenmann)   **Huffmann**, Maria Elisabeth
                                                        V: Huffmann, Johan Henrich
                                                        (Einwohner in Sachsa)

28.05. **Niese**, Johan Jacob (Nagelschmied)   **Voigt**, Anna Magdalena
        V: Niese, Johan Andreas   Wwe. des Niebell, Henrich Wulff
        Nagelschmied in Benneckenstein   (Bergschmied)

P.
21.05.
28.05. **Kern**, Valentin Christian   **Seidensticker**, Henrietta
                                                        Charlotta
        (Hüttenmeister auf der Silberhütte)   V: Seidensticker, Matthias
        oo in Markeldissen bei Grünenplan   (Wildmeister in Marckeldissen)
        V: Kern, Johann Georg +
        (Hüttenreuter in Clausthal)

P.
21.05.
28.05. **Walther**, Johan David (Ww.,(Fuhrmann)   **Wiegmann**, Anna Catharina
        oo in Halingerode   V: Wiegmann, Christian +
                                                        (Gastwirt beim offenen Paß
                                                        bei Hildesheim)

P.
28.05.
04.06. **Hagedorn**, Johan Georg (Steinbrecher in Kelbra) **Lüders**, Catharin
        oo in Kelbra   Lüders, Catharina Margaretha
        V: Hagedorn, Johan   V: Lüders, Andreas +
        (Huf- u. Waffenschmied)   (Einwohner u. Steinbrecher
                                                        in Kelbra)

29.06. **Gebert**, Johann Diederich   **Flach**, Dorothea Elisabeth
        (Arbeiter auf hiesiger Farben-Mühle)   V: Flach, Johan Ernst +
        V: Gebert, Johann Heinrich +   (Bergmann)
        (Bergmann in Clausthal)

P.	**Bähr**, Andreas Henrich (Ww., Zimmermeister) oo 20.07. in Lauterberg	**Hähnel**, Christina Elisabeth V: Hähnel, Johann Andreas (Berggeschworener in Lauterberg)

20.07. **Feller**, Caspar Andreas (Bergmann) V: Feller, Johan Georg + (Bergmann)

Pfeiffer, Catharina Elisabeth V: Pfeiffer, Christoph (Fuhrmann)

06.08. **Hallbrodt**, Johann Georg
in der Stille copuliret u. waren gedachte Personen vorher-
gehenden Sonntag endlich zum erstenmahl proclamiert,
weilen aber darüber ein gros Gelächter entstand u das
Gerücht überall ging, daß die Braut schon schwanger u. sie des-
falls befraget wordem auf ihr Gewißheit dahin sie
die leider abermahls begangene Sünde gestanden, daß
die priesterl. Copulation ohne alle öffentlich. Ceremonien
geschehen.

Kutscher, Anna Margaretha

21.09. **Wauen**, Christoph (Ww., Bergmann)

Weidemann, Maria Elisabeth V: Weidemann, Elisas + (Bergmann)

21.09. **Spengler**, Johann Georg (Pucharbeiter) V: Spengler, Zacharias + (Bergmann)

Völlker, Dorothea Margaretha V: Völlker, Johann Valentin (Drellmacher in Altenau)

05.10. **Kestner**, Balthasar Diederich (Bergmann)

V: Kestner, Jesaias + (Hüttenmann)

Rosenbusch, Dorothea Magdalena V: Rosenbusch, Tobias + (Bergmann)

12.10. **Bock**, Johan Christoph (Bergmann) V: Bock, Johann Christoph (Bergschmied)

Hartzig, Dorothea Magdalena V: Hartzig, Georg Andreas (Puchsteiger)

19.10. **Elliesen**, Johann Christoph (Bergmann) V: Elliesen, Johan Valentin + (Organist u. Schulmeister in Barbis)

Künhold, Anna Elisabeth V: Künhold, Justus Matthias, (Bergmann)

19.10. **Kistner**, Johann Christoph (Bergschmied) V: Kistner, Hermann + (Bedineter in Harzburg)

Weber, Anna Magdalena V: Weber, Johann Christoph (Schmied)

26.10. **Seidell**, Johann Georg (Ww., Bergmann)

Körber, Dorothea Elisabeth V: Körner, Jacob + (Ackermann in Scharzfeld)

11.11.	**Francke**, Johann Justus (Chirurgus in Zellerfeld) V: Francke, Michael + (Förster in Zellerfeld)	**Neuse**, Anna Lucia V: Neuse, Andreas (Ratsverwandter, Schichtmeister)
16.11.	**Bock**, Joh.Caspar (Grob- u. Kleinschmied) V: Bock, Nicolai (Grob- u. Kleinschmiedemeister)	**Schönemarck**, Ilsa Maria V: Schönemarck, Johan Georg (Schuhmacher in Clausthal)
16.11.	**Herpig**, Joh. Friederich (Farben-Arbeiter) V: Herpig, Johann, (Grubensteiger in Wolckenstein)	**Müller**, Catharina Elisabeth V: Müller, Johan Michael (Kupfergarmacher)
16.11.	**Tränckner**, Leopold (Ww., Bergmann)	**Weber**, Dorothea Elisabeth V: Weber, Johan Valentin (Bergmann)
16.11	**Scheller**, Henrich Christian (Schmelzer auf der Farben-Mühle) V: Scheller, Johan Georg + (Bergmann)	**Bergmann**, Anna Elisabeth V: Bergmann, Michael
16.11	**Hartmann**, Johann Henrich (Bergmann) V: Hartmann, Johan Georg + (Bergmann)	**Ernst**, Dorothea V: Ernst, Johann (Nagelschmied)
16.11.	**Panse**, Andreas (Bergmann) V: Panse, Johan Georg (Bergschmied)	**Cöler/Köhler**, Maria Magdalena V: Cöler/Köhler, Johann (Mollenhauer)
23.11.	**Henckell**, Johan Michael (Bergmann) V: Henckell, Johann Georg (Bergmann)	**Breitkopf**, Dorothea Christiana V: Breitkopf, Georg Christoph (Bergmann)
23.11.	**Koch**, Johan Andreas (Bergmann) V: Koch, Johann (Bergmann)	**Bärkefeld**, Margaretha Elisabeth V: Bärkefeld, Zacharias (Bergmann)
23.11.	**Humm**, Georg Valentin (Ww., Bergmann)	**Fischer**, Magdalena Catharina V: Fischer, Johan Georg + (Bergmann)
P. 04.12.	**Goedecke**, Georg Christian (Fuhrherr) oo 07.12. in Lauterberg V: Goedecke, Georg (Meister u. Fuhrherr)	**Kühnemundt**, Sabina Christina V: Kühnemundt, Johann Caspar (Brauer, Wagener in Lauterberg)

29.12.   **Druten**, Christian (Bergmann)   **Schlösser**, Maria Magdalena
"als welcher wegen seiner verlauffenen   V: Schlösser, Johan Thomas
u. in der Ölmühle vor Elbingerode   (Bergmann)
verstorbenen Frau Dorothea Thons
allhier andere Heyrath von Königl.
u. Churfürstl. Consistorie vorher erhalten"

1731

06.01.   **Schlamelcher**, Georg Christoph   **Spengler**, Anna Lucia

28.01.   **Kühnhold**, Johan Michaell (Bergmann)   **Kühnen**, Anna Christian
V: Kühnhold, Michaell +   V: Kühnen, Johann Georg +
(Bergmann)   (Licentschreiber u. Drechsler
                                in Hörden/Amt Herzberg)

28.01.   **Gercke**, Magnus   **Kleinen**, Anna Eva (Wwe.
(Bergmann in Armsfeld Fürstentum Waldeck) des Kleinen, Mauritius,
V: Gercke, Johan Caspar +   Einwohner in Armsfeld)
(Bergmann)

23.03.   **Tepperwin**, Heinrich Christoph (Fuhrknecht,   **Wauen**, Anna Catharina
geb. in Wieda)

12.04.   **Fischer**, Andreas (Bergmann)   **Hartzig**, Catharina Elisabeth
V: Fischer, Christian   Wwe. des Grumt, Georg Heinrich
(Bergmann)   (Untersteiger in Clausthal)

17.04.   **Haideler**, Erhard Julius (Fleischer u. Knochenhauer)**Dost**, Helena Elisabeth
V: Haideler, Justus Thomas +   V: Dost, Johan Valentin +
Fleischer und   (Bergmann)
(Knochenhauer)

17.04.   **Hartzig**, Johan Diederich (Bergmann)   **Adams**, Maria Elisabeth
V: Hartzig, Anton   V: Adams, Joh. Christoph +
(Bergmann)   (Schuhmacher in Benneckenstein)

17.04.   **Fischer**, Martin Elias (Bergmann)   **Coeler/Köhler**, Anna Elisabeth
V: Fischer, Johan Georg +   V: Coeler, Johann Caspar +
(Reisemann)   (Bergmann)

01.05.   **Bergmann**, Johan Georg (Ww., Puchsteiger)   **Scharffen**, Margaretha Elisabeth
                               (Wwe.des Hoffmann, Johann
                               Christoph
                               Nagelschmied in Zorge)

15.05.   **Schwabe**, Christoph (Tischlergeselle,   **Hartung**, Dorothea Margaretha
geb. aus Sachsa)

15.05.	**Spindler**, Johan Georg (Bergmann) V: Spindler, Friederich + (Grabenarbeiter)	**Lechten**, Doroteha Magdalena V: Lechten, Henrich Christoff (Bergmann)
20.06.	**Apell**, David (Ww., Müller in der unteren Mühle)	**Bornreich**, Anna Sophia Wwe. des Reinhard, Johann Zacharias (Leineweber in Benneckenstein)
04.07.	**Mülhahn**, Johann Justus (Bergmann) V: Mülhahn, Johann + (Bergmann)	**Hartleben**, Dorothea Heidewieg V: Hartleben, Georg Friederich (Bergmann)
P. 08.07.	**Koenig**, Georg Valentin (Ww., Bergmann) oo in Harzburg	**Hoppstock**, Christian Margaretha V: Hoppstock, Adam Christian (Forstverwalter in Königl.u. Fürstl. Braunschw.-Lüneburg. Communion)
04. 07.	**Coeler/Köhler**, Andreas (Ww., Grubensteiger)	**Degener**, Sophia Maria V: Degener, Johan Michaell + (Ackermann in Herzberg)
P. 23.09.	**Kastenbein**, Georg Christian (Knappschaftsschreiber u. Schichtmeister) oo in Herzberg V: Kastenbein, Andreas + (Obergeschworener u. Rathsverwandter in Lautenthal)	**Schumann**, Maria Margaretha V: Schumann, Andreas (Cantor in Herzberg)
11.10.	**Fischer**, Justus Johan (Bergmann) V: Fischer, Johan Peter (Bergmann)	**Mahl**, Margaretha Elisabeth V: Mahl, Andreas Banis (Bergmann)
11.10.	**Pfannenschmidt**, Georg Thomas (Bergschmied) V: Pfannenschmidt, Georg Thomas + (Schulmeister)	**Schreiber**, Dorothea Elisabeth V: Schreiber, Henrich + (Hüttenmeist in Clausthal)
11.10.	**Fischer**, Wendell (Ww., Bergmann in Zorge)	**Kalen**, Anna Maria Wwe. des Tränckner, Johann Georg (Bergmann)
P. 07.10 14.10.	**Bergmann**, Johann Georg (Bergmann) oo Clausthal V: Bergmann, Johann Michael (Bergmann)	**Schlösser**, Anna Catharina V: Schlösser, Simon (Grubensteiger in Clausthal)

18.10.	**Tränckner**, Joh. Ernst (Bergmann) V: Tänckner, Joh. + (Bergmann)	**König**, Catharina Elisabeth V: König, Abraham (Bergmann)
18.10.	**Trefer**, Christoph (Hüttenarbeiter) V: Trefer, Andreas	**Sticke**, Maria Catharina V: Sticke, David + (Köhlermeister)
14.11.	**Klingsöhrl**, Christian (Bergmann) V: Klingsöhrl, Johann Christoph (Bergmann)	**Lübbecke**, Dorothea Elisabeth C: Lübbecke, Johan Peter + (Bergmann)
P.	**Eimbeck**, Christian (Bergmann) oo in Elbingerode V: Eimbeck, Henrich Christian (Grubensteiger)	**Erts**, Paulina Maria V: Erst, Johann (Bergmann in Elbingerode)
10.11.	**Hallbrodt**, Georg Andreas (Bergmann) V: Hallbrodt, Christoph (Bäcker)	**Schwanhäuser**, Dorothea Maria V: Schwanhäuser, Georg + (Bergmann)
10.11.	**Seiffart**, Christian Michael (Bergmann) V: Seiffart, Johan Valentin + (Bergmann)	**Schwanheuser**, Magdalena Catharina V: Schanheuser, Georg + (Bergmann)
10.11.	**Krause**, Christian (Bergmann) V: Krause, Christoph Wilhelm + (Bergmann)	**Rosenbusch**, Anna Catharina V: Rosenbusch, Tobias + (Bergmann)
10.11.	**Humm**, Johann Valentin (Ww., Bergmann)	**Hauckt**, Anna Margaretha V: Hauckl, Johann Thomas (Bergmann)
11.10.	**Fischer**, Wendell (Ww., Bergmann in Zorge)	**Kalen**, Anna Maria Wwe. des Tränckner, Johann Georg (Bergmann)
P.	**Bergmann**, Johann Georg (Bergmann) oo in Clausthal V: Bergmann, Joh. Michaell (Bergmann)	**Schlösser**, Anna Catharina V: Schlösser, Simon, + (Grubensteiger in Clausthal)
24.11.	**Abenroth**, Johann (Bergmann) V: Abendroth, Christoph (Baumeister)	**Tränckner**, Anna Catharina V: Tränckner, Johannn + (Bergmann)
24.11.	**Lechten**, Henrich Christoph (Bergmann) V: Lechten, Heinrich Christoph (Bergmann)	**Uder**, Clara Catharina V: Uder, Gottfried (Bäcker)

| 27.11. | **Hansen**, Johann Carll
in Clausthal
V: Hansen, Ludolff +
(in Hannover) | **Drükewolff**, Dorothea Heidewieg
V: Drükewolff, Caspar Ludewieg |

P.
25.11.

| 02.12. | **Heider**, Johan Frieder. (Schneider in Elbingerode)
oo in Elbingerode | **Störmer**, Anna Catharina
V: Störmer, Johan Caspar +
(Zimmermann) |

1732

03.01.	**Zietzmann**, Johan Michael (Bergmann) V: Zietzmann, Nicol (Roßhändler)	**Löhrs**, Eleonora Elisabeth V: Löhrs, Carl Christian + (Sonderhäusischer Hof-Konditor)
04.01.	**Simon**, David (Bergmann)	**Schönfeld**, Johanna Regina
18.05.	**Kauffmann**, Caspar (Untersteiger) V: Kauffmann, Johan Georg + (Müller)	**Schlick**, Dorothea Magdalena V: Schlick, Johan Michaell + (Grubensteiger)
18.05.	**Deichmann**, Johan Christoph (Kornhändler) V: Deichmann, Johan Michaell	**von Hoff**, Maria Heidewieg V: von Hoff, Johan Peter (Licent-Einnehmer in Scharzfeld)
P.	**Friedrich**, Henrich Andreas (Bergmann) oo 15.05. in Herzberg V: Friedrich, Justus Andreas (Bergmann)	**Greven**, Christian Margar. V: Greven, Justus Henr. + (Brauer u. Schneider in Herzberg)
11.06.	**Heideler**, Georg Erhardt	**Hartung**, Maria Sabina
27.06.	**Bergmann**, Johann Thomas (Bergmann) V: Bergmann, Joh. Michael (Bergmann)	**Beustershausen**, Maria Catharina V: Beustershausen, Johann Georg (Bergmann)
01.07.	**Bolte**, Andreas	**Beustershausen**, Anna Margar.

P.

| 10.08. | **Kauffmann**, Joh. Georg (Müllerkn. i. Lauterberg)
oo 19.08.in Lauterberg
V: Kauffmann, Johan Georg +
(Müller u. Braumeister
in Rehungen) | **Bremen**, Anna Elisabeth
V: Bremen, Balthasar +
(Ackermann in Lauterberg) |
| 25.09. | **Fischer**, Johann Henrich (Bergmann)
V: Fischer, Christoph +
(Bergmann) | **Bock**, Anna Eleonora
V: Bock, Johann Christoph
(Bergschmied) |

25.09.	**Fuchs**, Johan Andreas (Ww., Bergmann)	**Holland**, Catharina Elisabeth V: Holland, Johan Melchior + (Bergmann in Clausthal)
07.10.	**Rems**, Johann Philipp	**Wentzell**, Barbara Catharina
14.10.	**Steltzner**, Carl Henrich V: Steltzner, Johan Georg (Berggeschworener u. Ratsverwandter)	**Koppen**, Dorothea Margaretha V: Koppen, Johann Friederich (Stadtmusikus)
23.10.	**Banse**, Christian (Ww., Bergmann)	**Laackemann**, Catharina Elisabeth V: Laackemann, Johann Georg (Ackermann in Hattorf)
23.10.	**Herig**, Andreas Christoph (Bergmann) V: Herig, Henrich Martin (Bergmann)	**Thiele**, Anna Margareth Elisabeth V: Thiele, Jacob (Ackermann in Hattorf)
30.10.	**Coeler/Köhler**, Thomas Heinrich (Bergmann) V: Coeler, Johan Georg (Bergmann)	**Abendroth**, Juliana Sophia V: Abendroth, Johann Georg (Bergmann)
30.10.	**Herberger**, Johann Georg (Bergmann) V: Herberger, Thomas (Bäcker)	**Bergmann**, Margaretha Elisabeth V: Bergmann, Johan (Bergmann)
30.10.	**Walther**, Georg Ludolff (Ww., Pucharbeiter)	**Schrader**, Catharina Margaretha V: Schrader, Samuel (Schneider in Bartolfelde)
18.11.	**Griebell**, Johan Georg (Reisemann) V: Griebell, Georg Andreas (Reisemann)	**Hopp**, Catharina Elisabeth V: Hopp, Johan Andreas (Bergmann)
20.11.	**Biegener**, Joh. Christoph (Bergschmied) V: Biegener, Johann Wilhelm + (Bergmann in Clausthal)	**Biegemann**, Johanna Sophia V: Biegemann, Johan Bernhard (Bergschmied)
29.11.	**Fricke**, Johan Henrich (Bergmann) V: Fricke, Conr. Heinrich + (Bergmann)	**Francken**, Sophia Henrietta V: Francken, Martin, (Kornhändler)

P.
09.11.

16.11.	**Reis**, Johann Henrich (Ww., Bergschmied) oo 17.11. in Braunlage	**Spormann**, Anna Catharina V: Spormann, Johan Jacob (Zehntschmiedmeister in Braunlage)
27.11.	**Stiegelitz**, Joh. Friederich (Bergmann) V: Stiegelitz, Christian (Bergmann)	**Lechten**, Anna Magdalena V: Lechten, Henrich Christoph (Bergmann)

1733

28.01.	**Hartung**, Johan Michael (Reisender) V: Hartung, Johan Caspar + (Bergmann)	**Schlösser**, Anna Elisabeth V: Schlösser, Johann + (Bergmann)
05.02.	**Tentzer**, Johan Ludewieg (Bergmann) V: Tentzer, Heinrich Andreas	**Oberhagen**, Catharina Elisabeth V: Oberhagen, Hermann + (Zimmermann)
15.02.	**Sieckell**, Johann Christoph (Advokat u Notar in Nordhausen) V: Sieckell, Johann Christoph + (Kollege d. Gymnasiums in Nordhausen)	**Hartmann**, Eleonora Justina Elisabeth V: Hartmann, Tobias Friederich (Ratskämmerer u. Stadtschreiber)
07.04.	**Volckmann**, Joh. Michaell (Bergmann) V: Volckmann, Johan Caspar	**Spangenberg**, Maria Christina V: Spangenberg, Tobias (Bergmann)
16.04.	**Prössell**, Johann Ullrich (Bergmann) V: Prössell, Johann Henrich + (Bergmann)	**Schlamelcher**, Anna Catharina V: Schlamelcher, Henrich Christoph+ (Bergmann)
04.05.	**Holtzborn**, Johan Caspar (Bergmann) V: Holtzborn, Johan Caspar (Bergmann)	**Oppen**, Sophia Margaretha V: Oppen, Johan Georg (Bergmann)
17.05.	**Hertzer**, Andreas Michael	**Klug**, Anna Margaretha
24.05.	**Peters**, Jacob Moritz (Bergmann) V: Peters, Christoph + (Fuhrknecht)	**Kahlen**, Dorothea Magdalena V: Kahlen, Johann Georg (Bergmann)
18.06.	**Weidemann**, Ernst (Bergmann) Christoph V: Weidemann, Joh. Georg + (Bergmann)	**Mindell**, Anna Helena V: Mindell, Christian (Bergschmied)

18.06.	**Bärckefeldt**, Joh. Michaell (Ww., Bergmann)	**Ballhausen**, Dorothea Elisabeth V: Ballhausen, Gabriell Balthasar + (Köhlermeister zum Königshof)
04.06.	**Bergmann**, Elias Gottlieb (Schuhmachermeister) oo in Clausthal V: Bergmann, Johann Georg + (Grubensteiger)	**Kümmell**, Maria Eleonora V: Kümmel, Henrich + (Zimmermeister in Clausthal)
30.06.	**Hartung**, Wilhelm (Ww., Köhlermeister)	**Gercken**, Anna Catharina V: Gercken, Johann Caspar + (Bergmann)
29.06.	**Abendroth**, Johann Michael	**Coeler/Köhler**, Dorothea Maria
12.08.	**Fricke**, Tobias (Fuhrknecht in Clausthal) V: Fricke, Johann (Tischler in Goslar)	**Maacke**, Engell Margaretha V: Maacke, Johann Georg (Bergmann)
25.08.	**Müller**, Heinrich Georg (Ww., Kauf- u. Handelsm.)	**Seidensticker**, Henrietta Charlotta (Wwe. des Kern, Valentin Christian (Hüttenmeister)
04.09.	**Henckell**, Johann Michael (Ww., Bergmann)	**Rosenbusch**, Anna Catharina V: Rosenbusch, Johann Christoph (Puchsteiger)
P. 06.09. 13.09.	**Ullrich**, Johann Christian (Bergmann) oo in Hohegeiß V: Ullrich, Gregor + (Bergmann)	**Fischer**, Maria Margarethe V: Fischer, Johann Heinrich (Bergmann in Hohegeiß)
17.09.	**Minterlein**, Joh. Christoph (Ww., Bergschmied)	**Heise**, Anna Elisabeth Wwe. des Hoffmann, Gottfriedt (Nagelschmied in Osterode)
21.09.	**Tonse**, Joh. Christoph Gottfriedt (theol. Studios. geb. in Wernigerode)	**Rathmann**, Anna Maria Christina (Schwangerschaft)
01.10.	**Bergmann**, Gottlieb (Bergmann) V: Bergmann, Gottfried	**Schlösser**, Dorothea Margaretha Christiane V: Schlösser, Johann + (Bergmann)

01.10.	**Lübbecke**, Joh. Henrich (Bergmann) V: Lübbecke, Joh. Peter + (Bergmann)	**Scholten**, Maria Elisabeth V: Scholten, Christoph (Reisemann)
15.10.	**Lemries**, Andreas Georg (Bäcker) V: Lemries, Simon + (Kupferhändler-Meister in Weißenborn)	**Coeler/Köhler**, Anna Margaretha V: Coeler/Köhler, Joh. Georg + (Bergmann)
15.10.	**Schultze**, Christian Samuel (Brauherr, Schneider in Nordhausen) V: Schultze, Johann Heinrich + (Ratsverwandter,Obermeister der Schneider in Nordhausen)	**Hentze**, Catharina Elisabeth V: Hentze, Johan Arend (Schneidermeister)
12.11.	**Eiffertt**, Johan Georg (Schuldiener) V: Eiffertt, Andreas +	**Homburg**, Charlotte Helena Wwe. des Leinhold, Nicolay, (Ratswirt in Sachsa)
12.11.	**Klingsöhrll**, Joh. Christian (Untersteiger) V: Klingsörll, Johann + (Berggeschworener in Lauterberg)	**Keidell**, Anna Catharina V: Keidell, Christian Wilhelm (Sattlermeister)
12.11.	**Holtzborn**, Christoph (Bergmann) V: Holtzborn, Henrich (Silberabtreiber)	**Werckmeister**, Susanna Catharina V: Werckmeister, Georg Balthasar (Schreiber oder der Oderhütte)
19.11.	**Weidemann**, Georg Andreas (Bergmann) V: Weidemann, Johann Georg + (Bergmann)	**Meyer**, Catharina Elisabeth V: Meyer, Georg Andreas + (Bergmann)
31.10.	**Schier**, Justus Christian (Bergmann)	**Hoiersdorff**, Maria Christina geb. von Clausthal (Schwangerschaft)
19.11.	**Riedell**, Johann Christoph (Bergmann) V: Riedell, Henrich + (Bergmann)	**Tegetmeyer**, Anna Elisabeth V: Tegetmeyer, Henrich + (Ackermann in Osterode)
03.12.	**Hentze**, Johann Thomas (Ww., Bergschmied)	**Wiegand**, Catharina Maria V: Wiegand, Andreas (Bergmann)

1734

14.01.	**Hertzer**, Andreas Christian (Bergmann) V: Hertzer, Georg + (Reisemann)	**Münch**, Anna Catharina V: Münch, Johan Christoph + (Nagelschmied in Quedlinburg)

11.02.	**Horre**, Johann Andreas (Hüttenmann) V: Horre, Johan Caspar + (Bergmann)	**Klingsöhrll**, Catharina Elisabeth V: Klingsöhrll, Christoph (Bergmann)
11.02.	**Hartmann**, Johann Diederich	**Werner**, Marie Elisabeth (Schwangerschaft)
18.02.	**Deichmann**, Joh. Christoph (Ww., Kornhändler)	**Fuchs**, Anna Magdalena V: Fuchs, Johan + (Schuhmachermeister)
09.03.	**Friederich**, Michael Heinrich (Bergmann) V: Friederich, Georg (Bergmann)	**Weis**, Catharina Elisabeth V: Weis, Thomas + (Bergmann)
25.04.	**Danz**, Henrich (Fenstermacher) V: Danz, Johan Caspar + (Fenstermacher)	**Sauerbrey**, Catharina Maria V: Sauerbrey, Henrich Caspar + (Bergmann)
13.05.	**Bähr**, Joh. Caspar (Ww., Ratszimmermeister)	**Müller**, Anna Maria V: Müller, Johann Michaell (Kupfergarmacher)
13.05.	**Störmer**, Johann Michaell (Bergmann) V: Störmer, Joh. Georg + (Bergmann)	**Büttner**, Dorothea Maria V: Büttner Johan + (Bergmann)
02.06.	**Schmidt**, Joh. Christian (Bergfuhrknecht) V: Schmidt, Matthias (Knecht in Herzberg)	**Meyer**, Maria Magdalena V: Meyer, Johann Thomas (Hufschmied in Markeldissen)
30.06.	**Lichtenberg**, Joh. Henr. (Bergmann in Zellerfeld) V: Lichtenberg, Johann Friedrich (Bergmann in Zellerfeld)	**Hentzen**, Maria Elisabeth V: Hentzen Conrad (Bergschmied)
30.06.	**Günther**, Johann Joachim (Adelicher Pachtmüller in Rehungen) V: Günther, Gregorius + Pachtmann in Gr. Wechsungen	**Rosenbusch**, Catharina Elisabeth V: Rosenbusch, Tobias + Bergmann
P. 15.08		
22.08.	**Richter**, Johann Gottfried (Bergmann in Braunl.) oo Braunlage V: Richter, Gottfried + (Schichtmeister in Freiberg)	**Kaufmann**, Margaretha Elisabeth Wwe. des Büttler, Jacob, (Bergmann)
02.09.	**Ziegeler**, Johan Lorentz (Schneider in Hainrode) V: Ziegeler, Johann Georg + (Schneider in Kl. Bodungen)	**Hohmann**, Christina Margaretha V: Hohmann, Christoph + (Schneider)

09.09.	**Hopp**, Ernst V: Hopp, Valentin Christoph + (Bergmann)	**Giesecke**, Anna Elisabeth V: Giesecke, Ferdinand Gabriel (Bergmann)
07.10.	**Deichmann**, Paulus Michaell (Bäcker) V: Deichmann, Justus + + (Bäcker)	**Hartzig**, Magdalena Elisabeth V: Hartzig, Georg Andreas (Puchsteiger)
07.10.	**Töpper**, Johann Andreas (Bergmann) V: Töpper, Andreas + (Bergmann)	**Francke**, Dorothea Margaretha V: Francke, Christoph (Bergmann)
21.10.	**Bock**, Johann Christoph (Bergmann) V: Bock, Johan Valentin + (Rademacher)	**Abendroth**, Anna Catharina V: Abendroth, Andreas Michael (Bergmann)
28.10.	**Mente**, Johann Christoph (Bergmann) V: Mente, Laurentius (Bergmann)	**Kreitner**, Barbara Catharina V: Kreitner, Andreas (Bergmann)
04.11.	**Köhler**, Johann Caspar (Bergmann) V: Köhler, Johan Justus (Hüttenmann)	**Lüers**, Anna Christina V: Lüers, Henr. Matthias (Meister, Hüttenmann)
11.11.	**Tränckner**, Joh. Georg (Bergmann in Lauterberg) V: Tränckner, Christian (Bergmann)	**Schellen**, Margaretha Elisabeth V: Schellen, Johann Georg +
11.11.	**Kievit**, Johann Andreas (Bergmann) V: Kievit Johann Valentin (Bergmann)	**Walther**, Anna Magdal. Elisab. V: Walther, Johann Peter (Nagelschmiedemeister)
11.11.	**Keidell**, Johann Christian (Bergmann) V: Keidell, Hieronymus + (Bergmann)	**Gerberling**, Anna Elisabeth V: Gerberling, Conrad (Hirte)
11.11.	**Töpper**, Johann Christoph (Bergmann) V: Töpper, Andreas + (Bergmann)	**Feller**, Johanna Christiana V: Feller, Johann Georg + (Bergmann)
25.11.	**Drüte**, Andreas Wilhelm (Bergmann) V: Drüte Christian (Bergmann)	**Wöllner**, Sophia Margaretha V: Wöllner, Henrich (Bergmann)
03.12.	**Hopp**, Andreas (Bergmann) V: Hopp, Johann Christoph, + (Bergmann)	**Giesecke**, Anna Barbara V: Giesecke, Ferdinand Gabriel (Bergmann)
03.12.	**Hertzer**, Johann Caspar (Bergmann) V: Hertzer, Johann Georg+ (Reisemann)	**Bergmann**, Anna Catharina V: Bergmann, Joha Michaell (Bergmann)

27.12.	**Röring**, Andreas Christoph (Zimmermann) V: Röring, Andreas (Zimmermann)	**Rosenbusch**, Dorothea Magdal. V: Rosenbusch, Johann Georg (Puchsteiger)
27.12.	**Steger**, Johann Adam (Ww.) (Buchbinder)	**Rosenbusch**, Anna Elisabeth V: Rosenbusch, Johann Ernst (Bergmann)

1735

27.01.	**Hartzig**, Johann Ludewig (Bergmann) V: Hartzig, Joh. Michael + (Obersteiger)	**Pfeiffer**, Dorothea Elisabeth V: Pfeiffer, Christoph + (Fuhrmann)
03.02.	**Fricke**, Johann Heinrich (Ww., Bergmann)	**Deichmann**, Anna Dorothea V: Deichmann, Heinrich Thomas (Bergmann)
10.02.	**Hoffmann**, Johann Georg (Bergmann) V: Hoffmann, Daniel Matthias (Hüttenmann)	**Voigt**, Catharina Dorothea V: Voigt, Johann Michael (vormaliger Bergmann)
17.02.	**Meyer**, Christian (Ww., Pucharbeiter)	**Goedecke**, Anna Maria V: Goedecke, Henrich + (Handelsmann)
21.02.	**Kindling**, Paulus (Nagelschmied) oo 21.02.in Braunlage V: Kindling, Johann Heinr. + (Fuhrmann in Ellrich)	**Bock**, Catharina Elisabeth V: Bock Johann Georg + (Nagelschmied in Benneckenstein)
22.02.	**Mager**, Johann Andreas (Bergmann) V: Mager, Just Christian + (Reisemann)	**Herbst**, Anna Elisabeth V: Herbst, Johann Friederich + (Tischler)
19.04.	**Hesse**, Christoph (Schuhmachermeister in Elbingerode)	**Holtzborn**, Dorothea Margaretha V: Holtzborn, Johan Caspar (Bergmann)
12.05.	**Bergmann**, Johann Justus (Bergmann) V: Bergmann, Johann (Bergmann)	**Bansen**, Anna Dorothea V: Bansen, Johann Georg (Bergschmied)
26.05.	**Fuchs**, Carl Christian (Puchsteiger) V: Fuchs, Christoph (Schuhmachermeister)	**Stedte**, Catharina Margaretha V: Stedte, Johann Simon (Bergmann)

0

2.06.	**Marx**, Johann Christoph (Ww., Bergmann)	**Meinecke**, Catharina Heidewieg V: Meinecke, Johann Martin (Gastwirt in der Steina)
30.06.	**Kieser**, Johann Caspar (Ww., Bergmann)	**Höhne**, Anna Sophia Elisabeth V: Höhne, Henrich + (Tellermacher)
14.07.	**Schlösser**, Johann Michael (Bergmann) V: Schlösser, Joh. Georg (Bergmann)	**Herberger**, Dorothea Heidewig V: Herberger, Thomas (Bäckermeister)
21.07.	**Tränckner**, Caspar Christian (Bergmann) V: Tränckner, Johan + (Bergmann)	**Kirsch**, Anna Elisabeth V: Kirsch, Johann Georg (Bergmann)

P.
21.07.	**Pallm**, Wilhelm (Ww.) (Ratsdiener in Altenau) oo in Altenau	**Ritter**, Anna Margaretha V: Ritter, Ambrosius + (Bergmann)
03.09.	**Keidell**, Henrich Christian (Bergmann) V: Keidell, Christian + (Bergmann)	**Beuteler**, Anna Elisabeth V: Beuteler, Johann (Bergmann)
20.09.	**Henkell**, Johann Gottlieb (Bergmann) V: Henkell, Johann Georg + (Bergmann)	**Krause**, Anna Elisabeth V: Krause, Christoph (Bergmann)

P.
22.09.	**Wriesberg**, Anthon Friederich (Apotheker) oo 22.09. in Lauterberg V: Wriesberg, Friederich Mauritius+ (Amtsschreiber beim Amt Campen)	**Koenig**, Anna Elisabeth V: Koenig, Andreas Heinrich (Kauf- und Handelsmann in Lauterberg)
26.09.	**Prössell**, Caspar Johann (Verwalter d. Schomburg Hof in Braunlage) V: Prösseß, Ernst (Ratsverwandter)	**Even**, Anna Magdalena V: Even, Johann Friederich + (Königl. Preuß. Amtmann zu Nigrip/Niegripp)
12.10.	**Hänell**, Anthon Christoph (Untersteiger) V: Hänell, Andreas (Berggeschworener in Lauterberg)	**Wiegand**, Margaretha Elisabeth V: Wiegand, Johan Thomas (Grubensteiger)
20.10.	**Arend**, Johann Caspar (Puchsteiger) V: Arend, Caspar Burchard (Oberpuchsteiger9	**Holzberger**, Catharina Margar. V: Holzberger, Johann Thomas (Bergschmied)
26.10.	**Kauffmann**, Heinrich Gottfried (Bergmann) V: Kauffmann, Joh. Georg + (Fuhrmann9	**Sauer**, Catharina Margaretha V: Sauer, Zacharias Bodo (Bergmann)

26.10.	**Bock**, Johann Michaell (Bergschmied) V: Bock, Johann Christoph (Bergschmied)	**Lohrengell**, Dorothea Margar. V: Lohrengell, Andreas Caspar (Hirte)
26.10.	**Trute**, Johann Henrich (Förster in Elbingerode) V: Trute, Julius (Forstknecht in Hohegeiß)	**Neimecke**, Catharina Sabina V: Neimecke, Johann Adam (Förster)
10.11.	**Höhne**, Thomas Christoph (Bergmann) V: Höhne, Christoph + (Bergmann9	**Wedekind**, Maria Elisabeth V: Wedekind, Andreas + (Ackermann in Bockelnhagen)
10.11.	**Koch**, Johann Andreas (Bergmann) oo 06.11. in Scharzfeld V: Koch, Johann (Schuhmachermeister)	**Tolle**, Sophia Eleonora V: Tolle, Henrich (Ackermann in Scharzfeld)
17.11.	**Deichmann**, Andreas Michael (Bergmann) V: Deichmann, Joh. Valentin (Bergmann)	**Kutscher**, Clara Catharina V: Kutscher, Henrich Andreas (Bergmann)
17.11.	**Kirsch**, Henrich Caspar (Bergmann) V: Kirsch, Joh. Barthold + (Untersteiger)	**Goedecke**, Anna Margaretha V: Goedecke, Just Bernhard + (Baumeister)
17.11.	**Danz**, Johann Valentin (Bergmann) V: Danz, Joh. Caspar + (Fenstermacher)	**Bock**, Cathrina Margaretha V: Bock, Johann Caspar + (Bergmann)
17.11.	**Tränckner**, Christoph (Bergmann) V: Tränckner, Ernst (Bergmann)	**Schubert**, Anna Elisabeth V: Schubert, Johann Zacharias (Bergmann)
24.11.	**Francke**, Michael Christian (Fuhrmann) V: Francke, Johann + (Kornhändler)	**Höhne**, Anna Catharina V: Höhne, Andreas (Obersteiger)
23.11.	**Kievitt**, Johann Valentin (Bergmann) V: Kievitt, Peter + (Bergmann)	**Vogell**, Maria Magdalena V: Vogell, Daniell (Bergmann)
01.12.	**Ernst**, Andreas (Ww., Nagelschmiedmeister)	**Sticken**, Margaretha Elisabeth V: Sticke, Burchard (Obersteiger)
01.12.	**Weidemann**, Joh. Georg (Ww, (Bergmann)	**Gercken**, Maria Elisabeth. Wwe. des Bertram, Christoph (Ratsdiener in Wernigerode)

1736

26.01. **Holland**, Hermann Samuel (Köhlermeister)   **Grone**, Eleonora Elisabeth
V: Holland, Liborius   V: Grone, Adam +
(Köhlermeister in Braunlage)   (Hüttenmann)

10.02. **Reichartt**, Joh. Andreas (Büttnergeselle)   **Kutscher**, Catharina Margaretha
V: Reichartt, Johann Heinr.   V: Kutscher, Johann Georg
(Bergmann)   (Bergmann)

16.02. **Stahl**, Bodo Heinrich (Rademachermeister)   **Müller**, Anna Catharina
V: Stahl, Andreas   Wwe. des Beuer, Joh. Christian
(Bergfuhrmann in Clausthal)   (Rademachermeister)

16.02. **Reis**, Johann Heinrich (Ww., Bergschmied)   **Wagener**, Eva Dorothea
oo 14.02. in Lauterberg   V: Wagener, Andreas +
     (Grabensteiger in Lauterberg)

03.04. **Büttner**, Johann Georg (Zimmergeselle)   **Gabst**, Anna Elisabeth
V: Büttner, Joh. Henrich +   V: Gabst, Christoph
(Bergmann)   (Bergschmied)

19.04. **Seiffartt**, Andreas (Ww., Bergmann)   **Fischer**, Regina Margaretha
     V: Fischer, Valentin
     (Bergmann)

01.05. **Ernst**, Johann Andreas   **Höhnen**, Dorothea Margaretha
geb. in Gr. Bodungen

03.05. **Bock**, Johann Michaell (Pucharbeiter)   **Hentze**, Dorothea Elisabeth
V: Bock, Heinrich +   V: Hentze, Johann Michaell
(Grubensteiger)   (Nagelschmiedemeister in Wieda)

P.
29.04.
06.05. **Goedecke**, Friederich Andreas   **Lüer**, Christian Louisa
(Sattler in Windhausen)   V: Lüer, Jacob
oo in Windhausen   (Schafmeister in Windhausen)
V: Goedecke, Johann Simon
(Sattlermeister)

08.05. **Schneider**, Johann Georg (Hüttenmann)   **Prössel. Dorothea Elisabeth**, 0
V: Schneider, Laurentius   V: Prössel, Johann Henrich
(Hüttenmann)   (Bergmann)

14.06. **Strauch**, Heinrich Christian (Bergmann)   **Röger**, Dorotheas Margaretha
V: Strauch, Andreas Matthias   V: Röger, Johann Georg,
(Bergmann)   (Fleischhauer)

19.06.	**Wilcken**, Christian Andreas (Schichtmeister) oo in Clausthal (ältester Sohn des V: Wilcken, Jacob + Buchdrucker in Clausthal)	**Bergener**, Catharina Eleonora V: Bergener, Johann Georg (Schichtmeister in Clausthal)
03.07.	**Flör**, Johann Philipp (Hüttenmann in Clausthal) V: Flor, Johann Christian (Hüttenmann in Clausthal)	**Koenig**, Johanna Helena V: Koenig, Abraham + (Bergmann)
13.07.	**Maacke**, Johan Friederich (vor 1 1/2 Jahren ein Söhnlein erzeuget)	**Bock**, Catharina Elisabeth
19.07.	**Kiesewetter**, Joh. Heinrich (Bergmann) V: Kiesewetter, Johann Georg + (Puchsteiger)	**Pfannenschmied**, Cathar. Sophia V: Pfannenschmied, Georg Thomas + (Küster u. Schulmeister)
15.08.	**Schlick**, Heinr. Christoph (Untersteiger) V: Schlick, Joh. Michaell (Obersteiger)	**Kruschwitz**, Anna Barbara V: Kruschwitz, Paul Diederich (Berggeschworener u. Ratsverwandter)
16.08.	**Otto**, Johann Heinrich (Bergmann) V: Otto, Johan Caspar +	**Seiffartt**, Catharina Maria V: Seiffartt, Johan Valentin +
11.09.	**Meyer**, Gottfried (Bergmann)	**Engell**, Margaretha Elisabeth (Schwangerschaft)
13.09.	**Haberland**, Joh. Michaell (Ww.) (Obersteiger) oo 17.09. in Zorge	**Heyden**, Johann Sophia Wwe. des Wagener, Johan Michaell (Reitender Förster in Zorge)
27.09.	**Lasbein**, Heinrich Jacob (Ww.) (Bergmann in Lauterberg)	**Schorler**, Catharina Margaretha V: Schorler, Heinrich Christoph + (Bergmann)
04.10.	**Schlick**, Johann Ernst V: Schlick, Joh. Michaell + (Obersteiger)	**Bock**, Catharina Elisabeth V: Bock, Johann Christoph (Bergschmied)
11.10.	**Linde**, Johann Heinrich (Zimmergeselle) V: Linde, Johan Heinrich (Tischler u. Balgmacher in Benneckenstein)	**Bähr**, Maria Christina V: Bähr, Andreas Henrich (Bergzimmermeister)
18.10.	**Horenburg**, Joh. Andreas (Bergmann) V: Horenburg, Georg + (Hüttenmann)	**Wiegand**, Catharina Elisabeth V: Wiegand, Andreas (Bergmann)

24.10.	**Schellbach**, Christoph Erhard (Ww., Bergmann)	**Fuchs**, Magdalena Elisabeth V: Fuchs, Johann Christoph + (Schuhmachermeister)
06.11.	**Meinhold**, Joh. Gottlieb (Fleischhauer in Zwinge) V: Meinhold, Johann + (Fleischhauer in Celle/Kella/Sachsen)	**Hoffmann**, Anna Catharina V: Hoffmann, Peter Jacob (Hüttenmann)
22.11.	**Schlösser**, Joh. Michaell (Bergmann) V: Schlösser, Thomas (Bergmann)	**Strauch**, Sophia Elisabeth V: Strauch, Andreas Matthias (Bergmann)
04.11.	**Barckhoff**, Friederich Christian (Bergmann) V: Barckhoff, Bartholdus + (Hüttenmann)	**Ackertt**, Eleonora Catharina V: Ackertt, Johann Georg + (Fuhrknecht)
28.12.	**Wentzell**, Julius Gottfriedt (Bergm. i. Lauterberg) V: Wentzell, Martin + (Hüttenmann in Lauterberg)	**Schubbert**, Catharina Sophia V: Schubbert, Henrich Michaell (Bergmann)

1737

04.01.	**Preus**, Johann Michaell (Pucharbeiter) V: Preus, Martin + (Stollensteiger)	**Schmidt**, Lucia Margaretha Wwe. des Reger, Ernst Michaell (Pucharbeiter)
P. 17.02.		
24.02.	**Schotte**, Valentin Heinr. (Schmelzer in Lautenthal) oo in Lautenthal V: Schotte, Christoph + (Reisemann)	**Sievert**, Elisabeth Maria Wwe. des Brechtell, Johann Sigmund (Bergmann in Lautenthal)
07.03.	**Kirsch**, Johann Georg (Bergmann) V: Kirsch, Henr. Matthias (Bergmann)	**Bohnstedt**, Maria Catharina V: Bohnstedt, Matthias (Rademachermeister)
07.03.	**Seiffartt**, Johann Caspar (Bergmann) V: Seiffartt, Joh. Caspar + (Bergmann)	**Marx**, Dorothea Elisabeth V: Marx, Johann Berthold (Bergmann)
23.02.	**Engelcke**, Johann Jacob (hatten Tochter erzeuget)	**Wauen**, Anna Margaretha
23.04.	**Meyer**, Caspar (Ww., Bergmann)	**Bierwerth**, Dorothea Elisabeth V: Bierwerth, Johann (Tagelöhner in Barbis)

02.05.	**Geselle**, Andreas Christoph (Handelsmann) V: Geselle, Joh. Christoph + (Handelsmann)	**Griebell**, Maria Elisabeth V: Griebell, Casoar Conrad (Grubensteiger)
02.05.	**Hartmann**, Zacharias (Bergmann) V: Hartmann, Joh. Georg + (Bergmann)	**Röring**, Dorothea Magdalena V: Röring, Andreas Wilhelm (Zimmermann, Meister)
P. 05.05.	**Bock**, Johann Henrich (Ww., Einfahrer) oo in Clausthal	**Hillen/Hille**, Heidewieg Catharina V: Hille, Bernhard Matthias + (Fuhrherr in Clausthal)
P. 12.05.	**Francke**, Johann Christoph (Zimmermann in Wester-Engell) oo in Wester-Engell V: Francke, Johann Christoph (Ackermann in Wester-Engell)	**Spicker**, Maria Catharina V: Spicker, Caspar (Zimmergesell)
28.05.	**Schlamelcher**, Joh. Georg (Bergmann) V: Schlamelcher, Henr. Christoph + (Bergmann)	**Feller**, Dorothea Magdalena V: Feller, Johann Georg + (Bergmann)
08.08.	**Fuchs**, Johann Michaell (Ww., Schuhmacher)	**Kühnen/Kühne**, Catharina Dorothea (wegen verbotener Fleischeslust)
10.08.	**Billigrin**, Henrich Ernst (Bergmann)	**Sommer**, Anna Margaretha (verbotene Fleischeslust)
21.09.	**Griebell**, Andreas Michaell (Bergmann)	**Hopp**, Anna Elisabeth (wegen sündlicher Fleischeslust)
P. 13.10.	**Dellihausen**, Ernst Christian (Kauf- u. Handelsmann i. Ellrich) oo in Ellrich V: Dellihausen, Georg Daniell + (Kauf- u. Handelsmann in Ellrich)	**Baeckerott**, Sophia Elisabeth V: Baeckerott, Just Friederich (Kauf- und Handelsmann in Sondershausen)
P. 18.10.	**Heidecamp**, Christian (Tagelöhner in Leipzig) oo in Leipzig V: Heidecamp, Andreas + (Bergmann)	**Pezold**, Susanna Regina V: Pezold, Johann + (Tagelöhner in Leipzig)

05.11.	**Baum**, Johann Heinrich (Kauf-u. Handelsmann)	**Horren/Horre**, Emmerentia Maria
	V: Baum, Thomas + (Kauf-u. Handelsmann)	V: Horre, Michaell Frieder. (Kauf- und Handelsmann)
18.11.	**Klingesöhrll**, Thomas Christian (Bergmann) V: Klingesöhrll, Georg Christoph + (Zimmermeister)	**Stiegelitz**, Catharina Magdalena V: Stiegelitz, Joh. Henrich + (Bergmann)
18.11.	**Bock**, Johann Caspar (Pucharbeiter) V: Bock, Henrich + (Grubensteiger)	**Hoffmann**, Catharina Elisabeth V: Hoffmann, Zacharias + (Bergmann)
18.11.	**Allbrecht**, Andreas (Fuhrknecht) V: Allbrecht, Andreas + (Bergmann in Schierke)	**Lessmann**, Catharina Elisabeth V: Lessmann, Johann Henrich + (Einwohner auf Königshof, Schmelzer auf der Silberhütte)

1738

23.01.	**Fladerich**, Diederich (Bergmann) V: Fladerich, Heinrich + (Bergmann)	**Heicken**, Anna Catharina V: Heicken, Michaell + (Hüttenmann in Altenau)
23.01.	**Holtzborn**, Henr. Christoph (Ww., Bergmann)	**Holtzberger**, Catahrina Margaretha Wwe. des Arend, Johan Caspar (Puchsteiger)

P.

11.02.	**Hartleben**, Georg Diederich (Bergmann in Lauterberg) oo 18.02. in Lauterberg V: Hartleben, Georg Friederich (Bergmann in Lauterberg)	**Rieländer**, Catharina Dorothea V: Rieländer, Rudolff (Schuhmacher in Lauterberg)
13.02.	**Hoffmann**, Johann Georg (Ww., Bergmann)	**Oberländer**, Anna Elisabeth Wwe. des Jabst, Cyriacus Friederich (Bergmann)
18.02.	**Bähr**, Johann Caspar (Ww, (Ratszimmermann)	**Rosenberger**, Catharina Elisabeth V: Rosenberger, Andreas + (Knochenhauermeister)
18.02.	**Gretlein**, Joh. Heinrich (Schuhmacher) V: Gretlein, Johann (Schuhmachermeister)	**Eckelmann**, Dorothea Elisabeth Wwe. des Gersten, Andreas (Bergmann)
09.04.	**Schneider**, Joh. Friederich (Fuhrknecht, geb. in Zorge)	**Volprecht**, Maria Magdalena (geb. in Wieda)

06.05.	**Gärtner**, Caspar Christian (Untersteiger) V: Gärtner, Georg + (Obersteiger)	**Kruschwitz**, Anna Catharina V: Kruschwitz, Paul Diederich + (Berggeschworener)
28.05.	**Holland**, Johann Heinrich (Köhlermeister) V: Holland, Liborius (Köhlermeister in Braunlage)	**Schlick**, Dorothea Magdalena Wwe. des Kaufmann, Johann Caspar (Untersteiger)
08.06.	**Wesemeyer**, Johann Jacob (Köhler in Wieda) oo in Wieda V: Wesemeyer, Johann Christoph + (Köhler in Wieda)	**Kamphenckell**, Catahrina Elisabeth V: Kamphenckell, Justus (Fuhrmann in Hohegeiß)
03.07.	**Preuss**, Johann Gottfriedt (Bergmann) V: Preuss, Joh. Friederich + (Schmelzer)	**Bergmann**, Anna Barbara V: Bergmann, Johann Georg (Puchsteiger)
29.07.	**Bartels**, Johann Friederich (Ww., Brauer u. Schuhmachermeister in Lauterberg) oo in Lauterberg	**Bornreich**, Anna Sophia Wwe. des Appel/Apel, Johan David (Untermüller)
14.10.	**Hampe**, Johann Andreas (Gefreiter unter Brigadier von Wrangel Regiment u. Leib-Compagnie, in Verden in Garnison) V: Hampe, Andreas (gewesener Müllermeister in Ilfeld) Von diesen Personen ist zu merken, dass sie zwar ob anti- cipatum concubitum sine titulo honoris aufgeboten, aber aufff eingehohlte Instustructiondes des Herrn Superinten- denten Meyenberg aber censura Eccles. vor der Trauung zur heil. Communion admittiret, wie er denn auch nebst Deflorate des Anspruchs wegen der sonst gewöhnlichen Huren-Brüche qua Mi ler ist nachschlagen worden. Für Procl. und Copulation hat er in allem 1 rth curr. entrich- tet mit Vorwand, daß die Soldaten ex speciali privilegio nicht mehr zu geben schuldig.	**Meyer**, Cunigunda Christina V: Meyer, Georg (Schlossermeister)
15.10.	**Theler**, Joh. Gebriel (Ww., Bergm. in Lauterberg)	**Kisewitter**, Maria Elisabeth V: Kisewitter, Johann Georg + (Puchsteiger)
23.10.	**Beustershausen**, Joh. Martin (Bergschmied) V: Beustershausen, Hans Georg, + (Bergschmied)	**Boden/Bode**, Dorothea Elis. Christiane V: Boden/Bode, Andr. Christoph (Abtreiber auf der Silberhütte)

30.10.	**Lessmann**, Ernst Jürgen (Bergmann) V: Lessmann, Henrich + (Hütten(mann) auf hiesiger Silberhütte)	**Cöler/Köhler**, Maria Magdalena V: Cöler/Köhler, Hans Caspar + (Bergmann)
06.11.	**Kölss**, Tobias Christian (Bergmann) V: Kölss, Bartholdus + (Maurermeister)	**Cöler/Köhler**, Maria Magdalena V: Cöler/Köhler, Joh. Georg + (Bergmann)
20.11.	**Anger**, Johann Elias (Bergmann) V: Anger, Joh. Friedrich + (Bergmann)	**Lein**, Maria Margaretha V: Lein, Johann Adam (Grubensteiger)
20.11.	**Vogel**, Heinr. Andreas (Bergmann) V: Vogel, Daniel (Bergmann)	**Holland**, Maria Charlotta V: Holland, Georg Christoph (Bergmann)

P.

09.11.	**Hopstock**, Johann Just (Bäcker in Lauterberg) oo 20.11 in Lauterberg V: Hopstock, Adam Christoph (Torfaufseher in der Chur- u. fürstl. Braunschw.-Lünebg. Communion)	**Eckert**, Maria Catharina V: Eckert, Gabriel (Brauer u. Puchsteiger in Lauterberg)
27.11.	**Kauffmann**, Hieronimus (Ww., Bergmann)	**Wedemann**, Dorothea Elis. V: Wedemann, Elias (Bergmann)
27.11.	**Ritter**, Joh. Conrad (Bergm. und Schindelmacher) V: Ritter, Joh. Carl + (Bergmann)	**Kirsch**, Anna Elis. V: Kirsch, Joh. Andreas (Schindelmacher)
29.12.	**Koch**, Johannes (Musikant in Lauterberg) V: Koch, Christoph + (Mühlenmeister i. Oberohm i. Hessen/Darmstädtisch)	**Werckmeister**, Margr. Elisabeth V: Werckmeister, Balthasar Georg (Schreiber zur Oder/(Oderhütte))

P.

25.12. 30.12.	**Weltz**, Heinrich Adam (Herrschaftl. Sägemüllermeister) oo in Riefensbeek	**Ehrhardt**, Maria Margaretha V: Ehrhardt, Heinrich Andreas (Herrschaftl. Sägemüllermeister in Riefensbeek)

1739

19.01.	**Hemler**, Andreas Christoph	**Keltz**, Anna Dorothea
09.02.	**Störmer**, Joh. Georg (Ww., Bergmann)	**Francke**, Anna Maria Wwe. des Francke, Christian (Kornhändler)
09.02.	**Wiegandt**, Johann Georg (Ww., Bergmann)	**Möhr**, Anna Catharina V: Möhr, Hans Georg + (Bergmann)

P.
01.03.   **Steger**, Johann Adam (Ww.)   **Keydell**, Catharina Eleonora
         oo in Clausthal   V: Keydell, Zacharias +
                                                         (Bergmeister auf Communion
                                                         Bergstadt Zellerfeld)

P.
01.03.   **Borckenstein**, Otto Burchardt (Vicebergschreiber)   **von Uslar**, Henrietta Ludolphina
         oo in Clausthal   V: von Uslar, Rudolph +
         V: Borckenstein, Andreae Leopold   (Amtmann in Brunstein
         (Superintendent, Pastor primus   bei Dorf Langenholtensen)
         in Zellerfeld)

01.03.   **Hesse**, Johann Heinrich (Fuhrknecht)   **Lein**, Maria Elisabeth
         V: Hesse, Conrad   Wwe. des Schorler, Johann Georg
         (Fuhrmann in Schierke)   (Bergmann)

27.04.   **Seifert**, Johann Christoph (Ww., Bergmann)   **Ernst**, Anna Elisabeth
                                                         Wwe. des Pfaff, Johann Daniel
                                                         (Bergschmied)

17.05.   **Schreiber**, Hermann Bodo   **Vollprecht**, Dorothea Elisabeth
         (Schreiber in hiesiger Faktorei)   V: Vollprecht, Joh. Thiele
         V: Schreiber, Johann Just   (Schafmeister in Osterode)
         (Markscheider u. Ratsverwandter
         in Zellerfeld)

26.05.   **Lorentz**, Johann Christoph (Bergmann)   **Schlicken**, Catharina Elisabeth
         V: Lorentz, Georg Christoph   V: Schlicken, Andreas Conrad
         (Bergmann)   (Bergmann)

12.06.   **Schlößer**, Johann Andreas (Ww., Büttnermeister)   **Koppen**, Friederica Elisabeth
                                                         V: Koppen Johann Friederich
                                                         (Bestallter Musikant)

09.07.   **Wendeborn**, Andreas (Ww., Bergmann)   **Birkefeld**, Dorothea Maria
                                                         V: Birkefeld, Caspar +
                                                         (Fuhrmann)

20.07.   **Meyer**, Johann Christoph (Tagelöhner)   **Spengler**, Anna Barbara
         V: Meyer, Caspar +   V: Spengler, Andreas
         (Bergmann)   (Bergmann)

30.07.   **Schneider**, Johann Gottfried   **Böhnhold**, Dorothea Margaretha
         (Bergmann in Lauterberg)   V: Böhnhold, Lorentz +
         V: Schneider, Joh. Heinrich +   (Fuhrmann)
         (Bergmann in Lauterberg)

| 18.08. | **Unger**, Joh. Andreas (Tischlermeister) | **Schulzen/Schulze,** Anna Catharina |
| | V: Unger, Matthias + (Tischlermeister in Ellrich) | V: Schulzen/Schulze, Andreas + (Tellermachermeister in München) |

P.
23.08.	**Baumann**, Johann Christoph (angehender Schuhmacher in Burgdorf)	**Rotenberger**, Catharina Maria Wwe. des Rotenberger, Heinrich Christoph (Schuhmachermeister in Ützen/Uetze)
	oo in Burgdorf	
	V: Baumann, Joh. Christian (Bergmann)	

| 13.09. | **Lehmann**, Johann Georg (Fuhrknecht in Sieber) V: Lehmann, Hans Ernst (Hufschmiedmeister) | **Wauen**, Anna Elisabeth V: Wauen, Hans Joachim (Bergmann) |

| 13.10. | **Walbom**, Johann Caspar (Bergchirugus i. Altenau) V: Walbom, Johann Caspar + (Bergchirurgus in Altenau) | **Schiren**, Marien Magalena V: Schiren, Solomon + (Haldensteiger) |

| P. | **Dannenberger**, Tobias (Ww., Bergmeister) oo in Elbingerode | **Theuerkauff**, Annen Catharina V: Bernhard + (Förster in Elend) |

| 15.10. | **Apel**, Johann Henrich (Untermüllermeister) V: Apel, David + (Untermüller) | **Otten**, Anne Catharine V: Otten, Daniel + (Köhlermeister in Zorge) |

| 15.10. | **Tantz**, Joh. Heinrich (Fenstermacher) V: Tantz, Hans Caspar + | **Kraußen**, Maria Sophia V: Kraußen, Christoph Wilhlem + (Bergmann) |

| 05.11. | **Fischer**, Andreas Rötger (Bergmann) V: Fischer, Peter + (Bergmann) | **Teichmann**, Anna Elisabeth V: Teichmann, Hans Michael + (Bergmann) |

| 05.11. | **Kifit**, Andreas (Ww., Bergmann) | **Messerschmied**, Catharina Elisabeth Wwe. des Wenzel, Christof (Bergmann in Lauterberg) |

| 12.11. | **Rosenbusch**, Christoph (Bergmann) V: Rosenbusch, Hans Georg (Puchsteiger) | **Schneider**, Anne Elisabeth V: Schneider, Lorentz (Schmelzer auf hiesiger Hütte) |

12.11.	**Peschau**, Joh. Zacharias Bodo (Bergmann) V: Peschau Hans Jürgen (Bergmann)	**Kirsch**, Catharine Elisabeth V: Kirsch, Barthold + (Grubensteiger)
12.11.	**Bierckefeld**, Caspar Christian (Bergmann) C: Bieckefeld, Caspar Christian + (Bergmann)	**Kirsch**, Dorothee Marie V: Kirschen/Kirsch Joh. Georg + (Bergmann)
P.	**Sauerbrey**, Joh. Christoph (Bergmann) oo in Lonau V: Sauerbrey, Henr. Caspar + (Bergmann)	**Engelhard**, Marie Elisabeth V: Engelhard, Frantz (Köhlermeister in Lonau)
P. 08.11.	**Fuchs**, Johann Daniel (angehend. Handelsmann) oo in Grund V: Fuchs, Johann + (Schuster)	**Knieper**, Rosina Juliana Wwe. des Heßel, Christian (Rektor in Grund)
P. 08.11.	**Hartwieg**, Johann Georg (Bergzimmerknecht) oo in Lauterberg V: Hartwieg, Joh. Georg (Bergmann)	**Schröter**, Anna Maria V: Schröter, Jacob (Bäcker in Lauterberg)
19.11.	**Bock**, Johann Thomas (Ww., Bergmann)	**Bansen/Banse**, Dorothee Margarethe V: Bansen/Banse, Johann Georg (Bergmann)
25.11.	**Eisentraut**, Andreas (Ww., Ziegenhirt)	**Schlösser**, Maria Elisabeth Wwe. des Bock
30.11.	**Wigand**, Christoph (Bergmann) V: Wigand, Hans Andreas (Bergmann9	**Scheidemann**, Anne Catharine V: Scheidemann, Hans Michael + (Bergschmied)
01.12.	**Helmann**, Ludewig Andreas (Ww., Meister)	**Koch**, Catharine Margarethe V: Koch, Joh. Jacob + (Drechsler in Heinersdorf)
03.12.	**Weber**, Andreas Michael (Ww., Puchsteiger)	**Otten**, Catharine Elisabeth Wwe. des Berger
03.12.	**Jungnicol**, Adam Christoph (Bäcker) V: Jungnicol, Joh. Georg + (Bäcker)	**Schlegeln/Schlegel**, Anne Magdalene V: Schlegeln/Schlegel, Christoph (Gewesener Bergmann)

03.12. **Kahle**, Andreas (Köhlermeister)   **Lessmannen/Lessmann**, Dorot.
V: Kahle, Andreas +   Catharine
(Köhlermeister)   V: Lessmannen(Lessmann),
    Hans Henrich
    (Hüttenmann auf hiesiger
    Silberhütte)

27.12. **Lorentz**, Christian Ludewig (Bergmann)   **Kutscher**, Anne Margarethe
V: Lorentz, Jürg Christoph   des Halbrodt, Joh. Georg,
    (Bergmann)
(Bergmann)

27.12. **Helwig**, Johann Bernhard (Bergmann)   **Cöler/Köhler**, Marie Magdalene
V: Helwig, Joh. Henrich   V: Cöler/Köhler, Joh. Georg +
(Bergmann)   (Bergmann)

1740

28.01. **Bergmann**, Joh. Gottfried (Ww., Bergmann)   **Schomborg**, Dorothea
    Wwe. des Weidemann, Hans
    Valentin

25.02. **Bergmann**, Andreas Heinrich (Ww., Bergmann)   **Prösseln/Prössel**, Marie Agnese
    V: Prössel, Henr. Ernst +
    (Ratsverwandter, Kirchenjuraten)

25.02. **Molle**, Johann Matthias (Bergschmiedegeselle)   **Schmidt**, Johanna Gottliebin
V: Molle, Joh. Heinrich +   V: Schmidt, Johann Joachim
(Bergschmied)   (Bergmann)

03.03. **Kruschwitz**, Joh. Dieterich (Untersteiger)   **Dannenberg**, Marie Eleonora
V Kruschwitz, Paul Dieter +   V: Dannenberg, Caspar +
(Bergeschworener u.   (Bergmeister u. Ratsverwandter
Ratsverwandter)   in Clausthal)

26.05. **Meybaum**, Johann Heinrich (Ww.)   **Weber**, Elisa Magdalene
(Braumeister in Clausthal)   V: Weber, Valentin +
    (Bergmann)

30.05. **Gläsener**, Johann Andreas (Markscheider)   **Schreiber**, Magdalena Dorothea
V: Gläsener, Georg Andreas   V: Schreiber, Thomas
(Bergvoigt am Unterharzischen
Communion Bergwerk)   (Ratsverwandter u.
    Schichtmeister)

07.06. **Kutscher**, Ernst Michael (Schustermeister)   **Abendroth**, Anna Maria
    Wwe. des Schmidt, Caspar
    Andreas
    (Grubensteiger

10.06.	**Schreiber**, Johann Heinrich (Coporal vom Regiment d. General-Lieutemants von Wurmb und Kompagnie des Capitain Asmann)	**Eichsfelder**, Christian Sophia (Er hat sie vorgeschwängert u. mit ihr ein Söhnlein gezeuget, so den 28.04. in hiesiger Kirche getauft worden)
23.06.	**Fischer**, Caspar Christian (Bergmann) V: Fischer, Peter + (Bergmann)	**Bierckefeld**, Margarethe Lucie V: Bierckefeld, Zacharias (Waldmann)
P.	**Haberland**, Joh. Andreas (Eisensteiner) oo in Clausthal V: Haberland, Christian (Eisensteins-Steiger)	**Kienholtz**, Anna Elisabeth V: Kienholtz, Heinr. Christoph (Eisenstein-Steiger, Einwohner in Buntenbock)
04.08.	**Westerhausen**, Joh.Christoph (Ww., Handelsmann)	**Grübel**, Margaretha Magdalena Wwe. des Höfmann, Michael (Handelsmann)
01.09.	**Hopmann**, Caspar Ludewig (Ww., Bergmann)	**Schellen**, Dorothea Margaretha V: Schellen, Hans Heinrich + (Maurermeister in Lauterberg)
05.10.	**Hahne**, Andreas Heinrich (Müllerknecht) V: Hahne, Joh. Christoph (Müller in Krimderode Grafschaft Stolberg)	**Hoppen/Hoppe**, Anne Elisabeth V: Hoppen/Hoppe, Joh. Andr.+ (Bergmann)
P.	**Bolte**, Heinrich Caspar (Bergmann) oo in Elbingerode V: Bolte, Carl + (Bergmann)	**Vollmers**, Anne Dorothea V: Vollmers, Hans Georg (Bergmann in Elbingerode)
18.10.	**Tränckner**, Johann Georg (Bergmann) V: Tränckner, Christoph +	**Klingsöhrl**, Anne Lucie V: Klingsöhrl, Carl Jürgen (Ratszimmermeister)
P. 16.10.	**Hartmann**, Friederich Ludewig (Ratskämmerer u. Stadtschreiber) oo 27.10. in Elbingerode V: Hartmann, Tobias Friedrich + (Ratskämmerer u. Stadtschreiber)	**Süßroth**, Sophia Johanna V: Süßroth, Michael Conrad (Primarii in Elbingerode)
27.10.	**Hoffmann**, Andreas Leopold (Bergmann) V: Hoffmann, Peter Jacob (Reisemann)	**Stecken**, Anna Elisabeth V: Stecken, Hans Thomas (Bergmann)

02.11.	**Holtzberger**, Andreas Michael (Bergmann) V: Holtzberger, Joh. Michael (Bergmann)	**Rosenbusch**, Catharina Magar. V: Rosenbusch, Joh. Christoph + (Puchsteiger)
03.11.	**Steltzner**, Carl Heinrich (Ww., Grubensteiger)	**Schneider**, Justina Hedewig V: Schneider, Joh. Georg (in Uslar)
03.11.	**Tränckner**, Joh.Matthias (Bergmann) V: Tränckner, Ernst + (Bergmann)	**Schubberten/Schubert**, Catha. Elisabeth V: Schubert, Zacharias (Bergmann)
09.11.	**Flechsing**, Zacharias Heinrich (Bergmann) V: Flechsing, Thomas Berend + Bergmann	**Rörig**, Dorothea Elisabeth V: Rörig, Joh. Barthold + Bergmann
13.11.	**Stahrenberg**, Andreas Christian (Zimmergesell) V: Stahrenberg, Bernhard (Bergmann)	**Seidel**, Catharina Elisabeth V: Seidel, Hans Michael + (Bergmann)
22.11.	**Rosenbusch**, Andreas Christoph (Puchsteiger) V: Rosenbusch, Joh. Christoph + (Puchsteiger)	**Goedicken**, Anna Sophia V: Goedicken, Ernst (Schuster-Meister)
26.11.	**Mast**, Andreas Jacob (Bergmann) V: Mast, Andreas + (Bergmann)	**Zwingmann**, Catharina Elisabeth V: Zwingmann, Thomas Brand (Bergmann)
29.11.	**Pabst**, Johann Heinrich V: Pabst, Andreas + (Schmelzer auf hiesiger Silberhütte)	**Pfeil**, Anna Judith V: Pfeil, Anton + (Zimmermeister in Wieda)
30.11.	**Tippe**, Heinrich (Ww., Kuhhirt in Lauterberg)	**Oertel**, Anna Magdalena V: Oertel, Christian + (Bergmann)
01.12.	**Kessel**, Andreas Bernhard (Brauknecht) V: Kessel, Johann Bernhard + (Handelsmann)	**Bohnstedt**, Anna Margaretha V: Bohnstedt, Matthias (Rademacher-Meister)
01.12.	**Jungnicol**, Joh. Caspar (Bergmann) V: Jungnicol, Joh. Christoph + (Bergmann)	**Bansen/Banse**, Anna Elisabeth V: Bansen/Banse, Hans Georg (Bergschmied)
01.12.	**Gebbert**, Joh. Dieterich (Ww., Bergmann)	**Tonsen**, Anna Elisabeth V: Tonsen, Joh. Christoph + (Kantor u. Schuldiener in Wernigerode)

27.12.	**Weidemann**, Heinrich Julius (Bergmann) V: Weidemann, Elisas + (Bergmann)	**Liebenam**, Catharine Marie V: Liebenam, Christian + (Fuhrmann)
29.12.	**Sticke**, Johann Zacharias (Bergmann) V: Sticke, Joh. Burchard (Grubensteiger)	**Kutscher**, Anna Dorothea V: Kutscher, Zacharias + (Bergmann)

1741

05.01.	**Weidemann**, Georg Michael (Bergmann) V: Weidemann, Hans Georg + (Bergmann)	**Henckel**, Catharina Magdalene V: Henckel, Hans Georg (Bergmann auf der Engelsburg)
19.01.	**Sorge**, Johann Christoph (Bergmann) V: Sorge, Christian (Hüttenmann)	**Heger**, Maria Magdalena V: Heger, Johann Henrich + (Bergmann)
23.01.	**Kreiter**, Andreas (Ww., Bergmann)	**Kochen/Koch**, Anna Regina V: Kochen/Koch, Johann Andreas (Bergmann)
31.01.	**Weidemann**, Joh. Henrich (Braumeister) V: Weidemann, Henrich Joachim (Ackermann in Wernigerode)	**Prößel**, Anna Eleonora V: Prößel, Friedrich Ernst + (Schreinermeister)
31.01.	**Stahl**, Georg Christian (Ww., Bergfuhrherr)	**Rautenstrauch**, Anna Margar. Wwe. des Postorf, Zacharias (Bergfuhrherr)
07.02.	**Rüling**, Johann Andreas (Ww.) (Brauherr in Nordhausen)	**Baum**, Dorothea Catharina Wwe. des Prößel, Friedrich Ernst (Schreiner)
16.02.	**Kahle**, Joh. Rudolph Friedrich (Bergmann) V: Kahle, Johann Georg + (Bergmann)	**Goedicke**, Anna Catharina V: Goedicke, Just Bernhard + (Braumeister)
04.04.	**Fuchs**, Johann Christoph (Bergmann) V: Fuchs, Joh. Christoph + (Schuhmacher)	**Hopp**, Dorothea Maria V: Hopp, Johann Thomas + (Bergmann)
	Zimmer, Just Andreas (Bergmann) V: Zimmer Johann Andreas (Bergmann)	**Schrader**, Dorothea Maria V: Schrader, Magnus, + (Bergmann)

"hätten auch Feria III. Paschatos sollen copuliret werden.
Es ist aber die Braut am Heil. Abend vor Ostern krank
und den 13.tengestorben u. ist also die Copulation
dieser zuwegen Verlobten nicht vor sich gangen."

25.04.	**Rosenberger**, Elias Christ. (Knochenhauermeister) V: Rosenberger, Caspar + (Knochenhauer)	**Hucken/Hucke**, Catharina Margaretha V: Hucke, Jacob (Leinewebermeister in Zorge)
27.04.	**Peschau**, Christian Abraham (Ww., Bergmann)	**Heger**, Catharina Elisabeth V: Heger, Johann Henrich + (Bergmann)
02.05.	**Völcker**, Gottfried (Bergmann) V: Völcker, Christoph + (Ziegeldecker in Harzgerode)	**Bergmann**, Catharina Elisabeth V: Bergmann, Johann Gottfried (Bergmann)
04.05.	**Fischer**, Johann Friederich (Bäcker) V: Fischer, Johann Thomas (Bergmann)	**Cöler (Köhler)**, Ilse Margaretha Wwe. des Magers, Friedrich Andreas (Bergmann)
04.05.	**Andreas**, Joh. Henrich (Schneider in Lauterberg) V: Andreas, Friedrich Andreas (Schneider in Wallrode bei Worbis)	**Beistershausen**, Anna Barbara V: Beistershausen, Joh. Georg + (Bergmann)
24.05.	**Bolte**, Heinrich Carl V: Bolte, Carl +	**Kahlen**, Anna Regina V: Kahlen, Johann Georg
31.05.	**Franck**, Andreas Julius (Kornhändler) ohne Procklamation, weil schon eingie Jahr mit ihr in Concubinatu gelebt u. ein Kind gezeuget.	**Horre**, Anna Catharina V: Horre, Jacob +
15.05.	**Minterlein**, Thomas Heinrich (Zimmergesell) V: Minterlein, Christian (Bergmann)	**Bierckefeld**, Catharina Margar. V: Bierckefeld, Johann Peter + (Bergmann)
28.06.	**Mentz**, Conrad Friederich (Kauf- u. Handelsmann in der freien Reichsstadt Nordhausen) V: Mentz, Joachim Friederich (Kauf- u. Handelsmann in Stendal)	**Fuchs**, Elisabeth Juliana V: Fuchs, Heinrich Michael (Rektor hiesiger Schule)
P.	**Schütze**, Johann Andreas (Ww.) (Wachtmeister unter den Preuß. Truppen, jetzt Gastwirt in Teistungen) oo in Teistungen	**Herbst**, Marie Sophie Wwe. des Fleischhauer, Johann Gottfried (Mundkoch zu Kelbra)
19.07.	**Tränckner**, Christian (Ww., Bergmann)	**Obenauff**, Anne Elisabeth Wwe. des Kutscher, Zacharias, (Bergmann)
27.07.	**Weidemann**, Hans Georg (Ww., Bergmann)	**Bierckefeld**, Sophie Elisabeth

V: Bierckefeld, Zacharias +
(Waldmann)

28.07.	**Schrader**, Johann Georg (Schuster)	**Goedicke**, Catharina Elisabeth
	V: Schrader, Magnus +	V: Goedicke, Simon
	(Bergmann)	(Sattler)

07.08.	**Fuchs**, Johann Christoph (Bergmann)	**Zimmer**, Anna Catharina
	V: Fuchs, Johann Andreas	V: Zimmer, Johann Leopold +
	(Bergmann)	(Bergmann)

10.08.	**Müller**, Christoph Ludewig (Ww.)	**Lehmann**, Anne Margarethe
	(Berg-Zimmergesell in Clausthal)	V: Lehmann, Hans Ernst +
		(Hufschmied)

30.08.	**Schubbert/Schubert**, Joh. Valten (Ww., Bergm.)	**Weisleder**, Dorothea Margaretha
		Wwe. des Müller, Andres
		(Bergmann in Clausthal)

06.09.	**Sander**, Johann Henrich (Ww., Bergmann)	**Henckel**, Marie Elisabeth
		Wwe. des Holtzberger, Johann
		Andreas
		(Bergmann)

11.09.	**Seiff**, Johann Just (Bergmann)	**Vaupel**, Catharina Margaretha
	V: Seiff, Andres	V: Vaupel, Christian +
	(Bergmann)	(Bergmann)

05.10,	**Wigand**, Henrich Nicolaus (Bergmann)	**Bertam**, Dorothea Hedewig
	V: Wigand, Nicolaus	V: Bertram, Christoph +
	(Bergmann)	

02.11.	**Höhne**, Elias Zacharias (Ww., Bergm. / Reisem.)	**Reger**, Engel Dorothea
		V: Reger, Hans Georg +
		(Knochenhauer)

09.11.	**Otto**, Johann Andreas	**Goedicke**, Anne Eleonore
	V: Otto, Johann Daniel +	V: Goedicke Simon
	(Köhlermeister in Zorge)	(Sattler)

30.11.	**Bergmann**, Andreas Heinrich (Ww, (Bergmann)	**Cöler/Köhler**, Anne Elisabeth
		Wwe. des Fischer, Mart. Elias
		(Bergmann)

07.12.	**Groscurd**, Johann Andreas (Bergmann)	**Ameis**, Christina Elisabeth
	V: Groscurd, Christoph	V: Ameis, Henrich Carl
	(Bergmann)	(Bergmann)

| 07.12. | **Fischer**, Ulrich (Ww., Bergmann) | **Goedicke**, Anne Marie |

Wwe. des Meyer, Christian
(Bergmann)

27.12. **Engel**, Jürgen Andreas (Fuhrknecht)   **Scherff**, Dorothea Elisabeth
V: Engel, Hans Georg   V: Scherff, Gabriel +
(Fuhrknecht)   (Fuhrmann in Zorge)

1742

09.01. **Hille**, Johann Andreas (Bäcker)   **Blidung**, Anne Marie Wwe.
V: Hille, Georg +   Wwe. des Schubbert, Thomas
                                                     Michael
(Bäckermeister in Clausthal)   (Bäckermeister)

11.01. **Harthung**, Johann Georg (Köhler)   **Bähr**, Johanna Elisabeth
V: Harthung, Joh. Wilhelm   V: Bähr, Henrich Andres +
(Köhlermeister)   (Kunstmeister)

11.01. **Cöler/Köhler**, Andreas Christoph (Bergmann)   **Keidel**, Anna Sabina
V: Cöler, Köhler, Andres +   V: Keidel, Hans Ernst +
(Grubensteiger)   (Fuhrmann)

18.01. **Wigand**, Andreas (Ww., Bergmann)   **Beistershausen**, Dorothee
                                                     Magdalene
                                                     V: Beistershausen, Hans Georg +
                                                     (Bergmann)

23.01. **Horre**, Christian Friderich (Handelsmann)   **Warnecke**, Catharina Hedewig
V: Horre, Michael Frieder.   Wwe. des Görlitzer, Johann Just
(Handelsmann)   (Schützenwirt)

06.02. **Echelmann**, Leopold (Hüttenmann)   **Halbrot**, Annen Elisabeth
V: Echelmann, Just   V: Halbrot, Christoph
(Silberabtreiber)   (Bäckermeister)
                                                     (mit welcher er schon vorm Jahr
                                                     ein Kind gezeuget
                                                     (Taufbuch 1741, Nr.15))

08.02. **Wicht**, Johann Christoph   **Haberland**, Catharina Elisabeth
(Bader u. Chirurgus in Clausthal)   V: Haberland, Michael
                                                     8Grubensteiger)

27.03. **Grimme**, Johann Christoph   **Bischoff**, Anne Elisabeth
V: Grimme, Christian   V: N.N. (Einwohner u. Bergmann
(Fuhrmann in Hohegeiß)   in Zorge)

12.04. **Marx**, Johann Paul (Bergmann)   **Lechten**, Dorothea Elisabeth
V: Marx, Johann Georg +   V: Lechten, Johann Caspar +
(Grubensteiger)   (Grubensteiger)

01.05. **Spengler**, Johann Andreas (Schuster)   **Otten**, Dorothea Magdalena

	V: Spengler, Joh. Georg (Grubensteiger)	V: Otten, Hans Valten (Grubensteiger)
P.	**Herberger**, Johann Israel Christian (Bäcker auf der Freiheit vor Osterode) oo in Osterode	**Wolffen**, Anna Elisabeth Wwe. des Hantelmann, Johann (Bäcker auf der Freiheit vor Osterode)
	V: Herberger, Joh, Christian + (Bergmann)	
12.06.	**Specht**, Ernst Michael (Nach-Pucher) V: Specht, Heinr. Dietrich + (Hüttenmann auf der Sieber)	**Dengler**, Anna Barbara V: Dengler, Frantz + (Maurer)
10.06.	**Warnecke**, Joh. Daniel (Müllermeister in der Mittelmühle in Zellerfeld) V: Warnecke, Joh. Christoph (Obermüller allhier)	**Neimcke**, Anna Juliana V: Neimcke, Johann Adam (Förster)
19.07.	**Müller**, Johann Georg (Pucharbeiter) V: Müller, Andreas (Reisemann in Clausthal)	**Henzen/Henze**, Anna Elisabeth V: Henzen, Johann Michael + (Nagelschmied in Wieda)
26.07.	**Eccard**, Christian Henrich (Ww.) (Bergmann in Zellerfeld)	**Kifit**, Catharina Maria V: Kifit, Johann Valten + (Bergmann)
P.	**Riemann**, Nicolaus (Bergmann in Straßberg) oo in Straßberg V: Riemann, Nicolaus + (Bergmann)	**Hoenen/Hoene**, Anne Magdalena V: Hoenen/Hoene, Christoph + (Bergmann, Drechsler)
03.10.	**Fischer**, Edmund (Ww., Bergmann)	**Haucken**, Dorothea Elisabeth Wwe. des Sticken, Henrich Sebastian (Bergmann)
04.10.	**Bolte**, Henrich Matthias (Bergmann) V: Bolte, Henr. Carl + (Bergmann)	**Hoffmann**, Anna Elisabeth V: Hoffmann, Jacob Peter (Reisemann)
11.10.	**Herberger**, Georg Thomas (Untersteiger) V: Herberger, Thomas (Bäcker)	**Fischer**, Catharina Elisabeth V: Fischer, Johann Friedrich (Reviergeschworener bei hiesigem Königl. Bergamt u. Ratsverwandter)
11.10.	**Weidemeier**, Joh. Michael (Schuhmacher) V: Weidemeier, Heinrich + (Einwohner in Zellerfeld)	**Liern**, Anna Magdalena V: Liern, Hans Matthias

11.10.	**Seiffert**, Joh. Michael (Bergmann) V: Seiffert, Jacob + (Bergmann)	**Minterlein**, Margarethe Elisabeth V: Minterlein, Johann Georg + (Einwohner, Hufschmied in Veltheim an der Ohe)
25.10.	**Reichard**, Johann Henrich (Bergmann) V: Reichard, Joh. Henrich (Bergmann)	**Kutscher**, Maria Elisabeth V: Kutscher, Johann Georg (Bergmann)
P.	**Rautenstrauch**, Joh. Bernhard (abgedankter Soldat in Clausthal) oo in Clausthal	**Flach**, Susanne Margarethe V: Flach, Joh. Christoph Conrad + (Bergmann)
30.10.	**Michaelis**, Joh. Christoph (Brauherr in Ellrich)	**Pfaffen**, Johanna Mariana Elisabeth V: Pfaffen, Zacharias Julius (Hüttenschreiber, Ratsherr)
01.11.	**Pfeiffer**, Johann Georg (Fuhrmann) V: Pfeiffer, Caspar (Fuhrmann)	**Holtzberger**, Catharina Sophia V: Holtzberger, Johann Henrich (Revier-Geschworener)
08.11.	**Schlösser**, Andreas Michael (Bergmann) V: Schlösser, Joh. Andreas (Bergmann)	**Biegemann**, Johanna Margaretha V: Biegemann, Georg Zacharias (Bergschmiedemeister)
08.11.	**Abendroth**, Joh. Christoph (Bergmann) V: Abendroth, Andr. Michael + (Bergmann)	**Wagner**, Catharina Maria V: Wagner, Johann Matthias (Bergschmied)
08.11.	**Francke**, Andras Christian (Bergmann) V: Francke, Joh. Christoph (Bergmann)	**Seidel**, Sophia Elisabeth Christiana V: Seidel, Andreas Henrich (Bergmann)
15.11.	**Steck**, Johann Caspar (Eisensteiner) V: Steck, Johan Thomas (Bergmann)	**Fischer**, Christina Maria V: Fischer, Christian + (Eisensteiner)
P.	**Bohnstedt**, Joh. Rudolph (Rad- u. Stellmachermeister in Lautenthal) oo in Lautenthal V: Bohnstdedt, Matthias (Rad- und Stellmachermeister)	**Ecken**, Lucia Margarethe V: Ecken, Andreas Christoph + (Pulvermacher in Lautenthal)
21.11.	**Bergmann**, Joh. Christoph (Einwohner, Holzhauer in Schlewecke) V: Bergmann, Michael + (Holzhauer in Schlewecke)	**Rust**, Ilse Catharine V: Rust, Johann Andreas + (Fuhrknecht in Schlewecke)

P.   **Spoer**, Johann Ludewig (Schuster in Hilkerode)   **Kochen/Koch**, Anna Maria
            oo in Hilkerode   V: Koch, Johann Valten
            V: Spoer, Henrich Christoph +   (Ackermann in Hilkerode)
            (Untersteiger)

28.11.   **Kaiser**, Andreas Bernhard (Bäckermeister)   **Meiborn**, Anne Elisabeth
            V: Kaiser, Henrich Arnd   Wwe. des Günther, Johann
                                                                        Thomas
            (Ackermann in Elbingerode)   (Bäcker allhier)

1743
03.01.   **Zimmer**, Just Andreas (Bergmann)   **Bierckefeld**, Dorothee Elisabeth
            V: Zimmer, Johann Andreas   V: Bierckefeld, Caspar
                                                                        Christian +
            (Bergmann)   (Bergmann)

10.01.   **Lübbecke**, Johann Georg (Bergmann)   **Tränckner**, Anne Magdalene
            V: Lübbecke, Hans +   V: Tränckner, Ernst +
            (Hüttenmann auf der Engelsburg)   (Untersteiger)

16.01.   **Barthel**, Johann Michael (Maurer)   **Spor**, Catharina Elisabeth
            V: Barthel, Joh. Henrich   V: Spor, Henrich Christoph +
            (Maurermeister   (Untersteiger)
            "weil sie in Unzucht ein Kind miteinander gezeuget"
            ohne Proclamation)

P.   **Honemann**, Rudolph Leop.   **Langschmidt**, Eleonora
            (Königl. Vice-Bergschreiber)   Philippina
            oo in Clausthal   V: Langschmidt, Wilhelm Rudolf
            V: Honemann, Heinrich +   (Königl. Kanzlei-Sekretär in
            (1. Ratskämmerer   Hannover)
            Knappschaftsschreiber in Clausthal)

25.04.   **Hopmann**, Andreas Michael (Bergmann)   **Kirschen**, Sophie Marie
            V: Hopmann, Caspar Ludewig   V: Kirschen, Johann Georg +
            (Bergmann)   (Bergmann)

Prokl.   **Hertzer**, Andreas (Bergmann in Stolberg)   **Hoenen/Hoene**, Anne Elisabeth
            oo in Stolberg   V: Hoenen/Hoene, Christoph +
            V: Hertzer, Matthias   (Bergmann)
            (Bergmann zu Markkirch)

02.05.   **Preis**, Johann Christian (Bergmann)   **Bergmann**, Anne Sophie
            V: Preis, Andreas +   V: Bergmann, Johann Michael +
            (Bergmann)   (Grubensteiger)

09.05.	**Rausch**, Johann Christoph (Ww.) (Strumpfstricker in Scharzfeld)	**Greiffenhagen**, Catharina Elisabeth V: Greiffenhagen, Hans Michael + (Grubensteiger in Clausthal)
31.05.	**Süss**, Johann Just (Musketier vom Regiment u. Leib-Kompagnie des Obristen Block) V: Süss, Johann Jacob + (Nagelschmied in Braunlage "Sie haben vorher einige Jahr miteinander in Unzucht gelebt und ein Töcherlein gezeuget, welches den 4. August 1740 gebohren und den 30. december wieder gestorben.")	**Störmer**, Susanna Elisabeth V: Störmer, Andreas + (Bergmann)
04.07.	**Spangenberg**, Johann Adam (Töpfer in Sachsa) V: Spangenberg, Michael + (Töpfer in Sachsa)	**Boten**, Catharina Elisabeth V: Boten, Andreas Christoph (Hüttenmann)
P.	**Koppe**, Johann Anton (Musikante auf hiesiger freien Bergstadt) oo 19.09. in Wildemann V: Koppe, Johann Friederich (vieljähriger Stadtmusicanteus allhier)	**Sachsenberg**, Christiane Charl. V: Sachsenberg, Henrich Gebhardt (Ratskämmerer u Stadtmusicant zu zum Wildemann)
10.10.	**Winter**, Johann Georg (Bergmann) V: Winter, Caspar + (Reisemann)	**van Daacken**, Anna Elisabeth V: van Daacken, Henrich Andreas (Bergmann)
17.10.	**Kast**, Heinrich Christoph (Bergmann) V: Kast, Heinrich Martin (Bergmann)	**Bierckefeld**, Anna Catharina V: Bierckefeld, Johann Peter + (Bergmann)
P.	**Hoppe**, Joh. Friderich (Bergmann in Elbingerode) oo in Elbingerode V: Hoppe, Joh. Christoph (Bergmann)	**Kreien**, Anne Elisabeth V: Kreien, Gottfried + (Schloß-Schafmeister in Elbingerode)
24.10.	**Störmer**, Thomas Heinrich (Bergmann) V: Störmer, Johann Georg (Bergmann)	**Schneider**, Margaretha Magdalena V: Schneider, Johann Joachim + (Hüttenmann u. Schmelzer)
24.10.	**Wigand**, Johann Georg (Bergmann) V: Wigand, Tobias (Bergmann)	**Hartzig**, Anna Elisabeth V: Hartzig, Christian (Bergmann)

30.10.	**Gretlein**, Michael Christian (Schuster) V: Gretlein, Johann + (Schuster)	**Schlicken/Schlick**, Catharina Elisabeth V: Schlicken/Schlick, Johann Michael +
20.11.	**Schmid**, Johann Friederich (Juvenis bei hiesiger lateinischen Schule, Rektor) oo privat im Hause V: Schmid Caspar Gottfried + (Schneider in Clausthal)	**Müller**, Dorothea Elisabeth V: Müller, Heinrich Georg (Kaufmann)
26.11.	von **Nißen**, Johann Simon (Handelsmann) V: von Nißen, Andreas + (Handelsmann)	**Henze**, Dorothea Margaretha V: Henze, Johann Arend + (Schneider)

1744

16.01.	**Vogt**, Johann Georg (Bergmann)	**Kutscher**, Johanna Christiana V: Kutscher, Johann Michael + (Kupfergarmacher)
16.01.	**Reis**, Johann Heinrich (Ww., Eisensteiner)	**Deichmann**, Magdalene Catharine V: Deichmann, Hans Thomas + (Bergmann)
29.01.	**Albrecht**, Christian (Ww., Fuhrknecht)	**Kauffmann**, Catharine Elisabeth des Hahn, Henrich Thomas (Holzhauer)
30.01.	**Bolte**, Caspar Andreas (Bergmann) V: Bolte, Henrich Carl + (Bergmann)	**Humm**, Maria Eleonora V: Humm, Georg Valten (Bergmann)
05.02.	**Grübel**, Just Zacharias (Bergmann) V: Grügel, Joh. Michael + (Bergmann)	**Funck**, Marie Catharina V: Funck, Johann Gottfried + (Grubensteiger)
06.02.	**Höhne**, Andreas (Ww., Grubensteiger)	**Reinecke**, Ilse Margarethe V: Reinecke, Hans (Einwohner u. Ackermann in Vienenburg)
06.02.	**Wauen**, Johann Daniel (Bergmann) V: Wauen, Hans Joachim + (Bergmann)	**Lechten**, Dorothea Elisabeth V: Lechten, Henrich Christoph + (Bergmann)

13.02.	**Hanibal**, Friderich Wilhelm (Prediger bei hiesiger Gemeinde) V: Hanibal, Ehrenreich + (gewesener Medailleur in der Münze in Clausthal)	**Rosenthal**, Juliana Charlotta V: Rosenthal, Johann Heinrich (Kaufmann in Clausthal)
P.	**Witte,** Christian Rudolph (Schichtmstr geb. Hänigsen, 03.01.1716) oo 10.02. Vienenburg V: Witte, Peter Conrad + (Förster in Hänigsen Fürstentum Celle)	**Eilersen**, Johann Sophia Eleonora V: Eilersen, N.N. + (Schichtmeister in Clausthal)
P.	**Kayser**, Andreas Bernhard (Ww., Bäckermeister) oo 13.02. in Sachsa	**Urbach**, Sophia Eleonora V: Urbach, Nicolaus (Schönfärber u. Kirchenvorsteher in Sachsa)
11.02.	**Gepp**, Johann Christian (Bergmann) V: Gepp, Hans Stephan + (Bergmann)	**Cöler (Köhler)**, Anne Barbara V: Cöler/Köhler, Hans Caspar (Bergmann)
11.02.	**Bertram**, Joh. Joachim (Hirte u. Holzhauer) V: Bertram, Zacharias + (Fuhrmann)	**Keidel**, Dorothea Catharina V: Keidel, Zacharias (Fuhrherr)
31.03.	**Kessel**, Bernd Andres (Ww., Brauknecht)	**Wurm**, Maria Magdalena V: Wurm, Hans Georg + (Bergmann in Clausthal)
16.04.	**Schlösser**, Johann Caspar (Bergmann) V: Schlösser, Joh. Andreas (Bergmann)	**Goedicke**, Anna Maria V: Goedicke, Johann Christian (Bergmann)
22.04.	**Volckmann**, Heinr. Christoph (Bergmann) V: Volckmann, Hans Caspar + (Bergmann)	**Kutscher**, Catharina Margaretha V: Kutscher, Hans Caspar (Bergmann)
23.04.	**Lorentz**, Johann Christoph (Ww., Bergmann)	**König**, Dorothea Catharina V: König, Johann Gottfried (Bergmann)
23.04.	**Preuße**, Johann Gottfried (Bergmann) V: Preuße, Andreas Tobias + (Bergmann)	**Walther**, Justina Elisabeth V: Walther, Johann Peter (Nagelschmied)
23.04.	**Hartung**, Johann Christoph (Köhler) V: Hartung, Andreas + (Köhlermeister in Wieda)	**Friederichs**, Maria Margaretha V: Friederichs, Just Andreas + (Bergmann)

17.06.	**Humm**, Johann Valten (Ww., Bergmann)	**Hopp**, Anne Marie V: Hopp, Johann Christoph + (Bergmann)
30.06.	**Tränckner**, Johann Georg (Ww., Bergmann)	**Sauer**, Anna Margaretha V: Sauer, Zacharias Bodo + (Bergmann)
P.	**Erhard**, Heinrich Matthias (Zimmerges. i. Clausth.) oo 28.07. in Clausthal V: Erhard, Johann Andreas (Grasmäher in Clausthal)	**Holtzapfel**, Anne Marie V: Holtzapfel, Henrich Andreas (Bergmann)
20.08.	**Keltz**, Johann Bernhard (Bergmann) V: Keltz, Barthold (Maurermeister)	**Halbrodt**, Maria Sophie V: Halbrodt, Christoph (Bäckermeister)
20.08.	**Seiffert**, Johann Henrich (Bergmann) V: Seiffert, Just Andres + (Bergmann)	**Förster**, Catharina Sophia V: Förster, Johann Peter + (Bergmann)
P.	**Große**, Johann Jacob (Ww., Bäckermeister) oo 25.08 in Sachsa	**Fritschen**, Rosina Elisabeth V: Fritschen, Johann Jacob (Glaser in Sachsa)
10.09.	**Liebenam**, Michael Christian (Silberbrenner auf hiesiger Hütte) V: Liebenam, Joh. Christian + (Fuhrmann)	**Füllgraben**, Christiane Elisabeth V: Füllgraben, Johann Burchard (Hammerschmied in Sieber)
10.09.	**Kutscher**, Johann Georg (Bergmann) V: Kutscher, Christoph + (Bergmann)	**Vogt**, Catharine Elisabeth V: Vogt, Johann Georg (Bergmann)
22.09.	**Meier**, Joh. Rudolph (Kleinschmiedemeister) V: Meier, Johann Georg (Kleinschmied)	**Bergmann**, Johanna Gottlieb V: Bergmann, Johann Georg (Puchsteiger)
01.10.	**Ritter**, Christian (Bergmann) V: Ritter, Carl + (Bergmann)	**Spengler**, Anna Elisabeth V: Spengler, Christoph (Kälberhirt)
08.10.	**Tränckner**, Georg Christian (Bergmann) V: Tränckner, Johann + (Bergmann)	**Wedler**, Catharina Elisabeth V: Wedler Christoph (Bergmann)
08.10.	**Seidensticker**, Joh. Michael (Fuhrknecht) V: Seidensticher, Hans Georg (Fuhrknecht)	**Nollen**, Susanna Maria V: Nollen, Johann Georg (Bergmann)

15.10. **Zimmer**, Georg Gottfried (Bergmann)
V: Zimmer, Christian
(Bergmann)

Wedler, Anna Magdalena
V: Wedler, Christoph
(Bergmann)

15.10. **Fladrich**, Johann Henrich (Bergmann)
V: Fladrich, Joh. Henrich +
(Bergmann)

Gericken, Anna Elisabeth
V: Gericken, Hans Michael +
(Bergmann)

19.11. **Köhler**, Johann Georg (Ww., Bergmann)

Marx, Dorothea Elisabeth
Wwe. des Seiffert, Joh. Caspar
(Bergmann)

19.11. **Trübel**, Johann Georg (Bergmann)
V: Trübel. Just Anton +
(Bergmann)

Berger, Anna Maria
V: Berger, Johann +
(Grubensteiger)

01.12. **Fischer**, Friderich Ludewig (Steiger)
V: Fischer, Johann Friederich
(Geschworener Ratsherr)

Bock, Dorothea Sophia
V: Bock, Johann Rudolph
(Ratswirt u. Viertelherr)

1745
05.01. **Keidel**, Johann Georg (Bergmann)
V: Keidel, Hieronymy +
(Bergmann)

Wedler, Dorothea Elisabeth
V: Wedler, Henrich Ernst +
(Bergmann)

21.01. **Höhne**, Henrich Christoph (Eisensteiner)
V: Höhne, Andreas
(Eisensteiner)

Kauffmann, Catharina Elisabeth
V: Kauffmann, Sebstian
Kaufmann)

28.01. **Holtzberger**, Joh. Friderich (Steiger)
V: Holtzberger, Joh. Henrich
(Revier-Gewchworener)

Keidel, Margaretha Elisabeth
V: Keidel, Wilhelm Christian
(Sattlermeister u. Handelsmann)

P.
24.02. **Heine**, Johann Otto (Bergarbeiter in Lerbach)
V: Heine, Just Jürgen
(Eisenstein-Steiger in Lerbach)

Helwing, Dorothea Sophia
V: Helwing, Nicol. +
(Zimmermann)

18.02. **Wedler**, Johann Caspar (Bergmann)
V: Wedler, Elias +
(Bergmann)

Leim, Catharina Elisabeth
V: Leim, Johann Adam
(Grubensteiger)

18.02. **Duchtefeld**, Georg Nicolaus (Ww., Bergmann)

Wigand, Catharine Marie
V: Wigand, Johann Nicol. +
(Bergmann)

| 23.02. | **Schnur**, Johann Just (Ww., Bergschmied) | **Vogel**, Margaretha Catharina Christiana
V: Vogel, David +
(Grubensteiger) |

23.02.   **Schnur**, Johann Just (Ww., Bergschmied)   **Vogel**, Margaretha Catharina Christiana / V: Vogel, David + / (Grubensteiger)

25.02.   **Welner**, Johann Jacob (Wegesteiger) / V: Welner Henrich Zacharias (Obersteiger in Clausthal)   **Tyllen**, Catharina Christina / V: Tyllen, Georg Paul (Kannengießer, Spritzenmeister, Viertelmeister)

20.04.   **Seidensticker**, Joh. Henrich (Fuhrknecht) / V: Seidensticker, Hans Georg (Fuhrknecht)   **Schmidten/Schmidt**, Catharina Margaretha / Wwe. des Sprengler, Nicol (Bergmann)

01.06.   **Pfaff**, Zacharias Julius (Ratsherr, Hüttenschreiber) (oo privat im Haus)   **Schlösser**, Anne Elisabeth "nachdem sie zuvor von ihrem vorigen Mann Frid. Günther Eisfelder durch Königl. Consistorium geschieden worden."

08.06.   **Peschau**, Hans Zacharias (Ww., Bergmann)   **Degenhard**, Anne Sabine / V: Degenhard, Joh. Ernst + (Kalkmüller, Drellmacher in Osterode)

01.07.   **Hoppmann**, Joh. Valentin (Schneidermeister) / V: Hoppmann, Caspar Ludewig (Bergmann)   **Tränckner**, Marie Elisabeth / V: Tränckner, Hans + (Bergmann)

08.07.   **Hering**, Heinrich Christian (Schneidermeister) / V: Hering, Martin Heinrich + (Bergmann)   **Michaelis Maria Dorothea**, 0 / V: Michaelis, Caspar Christoph (Bergmann)

P.   **Fricke**, Conrad Friderich (Ww., Stadtknecht) oo in Nordhausen   **Helmann**, Margarethe Elisabeth / V: Helmann, Johann Caspar + (Landsknecht in Elbingerode)

25.08.   **Lehmann**, Johann Thomas (Holzhauer) / V: Lehmann, Hans Ernst + (Hufschmiedemeister)   **Rebentisch**, Dorothea Maria / V: Rebentisch, Joh. Friedrich + (Steiger in Zellerfeld)

07.09.   **Lucke**, Johann Henrich (angehender Müller in Hesselrode in der Grafschaft Hohnstein) / V: Lucke, Johann Henrich (Pachtinhaber des bei Nordhausen zugehörigenden Ackergutes)   **Kauffmann**, Christiane Elisabeth / V: Kauffmann, Thomas (Untermüller)

21.09.	**Tüllmann**, Johann Rudolph (Eisenhüttengewerke in Lonau) oo privat im Hause V: Tüllmann, Johann Peter (Eisenhüttengewerke in Lonau)	**Müller**, Maria Friderica V: Müller, Heinrich Georg (Kaufmann)
05.10.	**Pfeiffer**, Johann Caspar (Fuhrmann) V: Pfeiffer, Caspar (Fuhrmann)	**Baum**, Catharina Margaretha V: Baum, Johann Tobias + (Fuhrmann)
P.	**Warnecke**, Joh. Henrich (Fuhrmann in Altenau) oo in Altenau V: Warnecke, Joh. Bernhard (Fuhrherr in Altenau)	**Siegener**, Johanna Rosina V: Siegener, Johann Caspar (Fischmeister u. Gastwirt in Oderbrück)
09.11.	**Holtzberger**, Joh. Martin (Bergmann) V: Holtzberger, Joh. Michael Bergmann	**Hoffmann**, Anna Catharina V: Hoffmann, Daniel Matthias Reisemann
11.11.	**Meier**, Johann Caspar (Bergmann) V: Meier, Caspar + (Bergmann)	**Messerschmid**, Anna Barbara V: Messerschmid, Johann Peter + (Tagelöhner in Sülzhayn)
P.	**Seiffert**, Johann Michael (Ww., Bergmann) oo in Clausthal	**Madelung**, Maria Catharina V: Madelung, Johann Henrich + (Pfahlhauer in Clausthal)
30.11.	**Wentzel**, Lorentz (Rinderhirte) V: Wentzel, Joh. Andreas + (Viehhirte)	**Sommer**, Anne Elisabeth V: Sommer, Johann Michael + (Bergmann)
30.11.	**Gönnicke**, Johann Dieterich	**Berger**, Anne Elisabeth "nachdem sie vorher in verbotener Fleischeslust miteinander gelegt und ein Kind gezeuget, Taufe 1745 nr. 62"
27.12.	**Maacke**, Johann Georg (Ww., Bergmann)	**Meier**, Dorothea Elisabeth V: Meier, Georg Andres + Bergmann "haben ein paar Jahr her in Unzucht miteinader gelebt u ein Kind gezeuget, Taufbuch 1744, Nr. 71."

1746

08.02. **Obenauff**, Elias (Bergmann)
V: Obenauff, Joh. Henrich +

(Bergmann)

Welner, Sophie Marie
Wwe. des Druten, Andreas
Wilhelm
(Bergmann)

09.02. **Hop**, Thomas Christian (Pucharbeiter)
V: Hop, Johann Georg +
(Bergmann)

Hoene/n, Dorothea Elisabeth,
V: Hoene, Henrich Erhard
(Drechsler)

15.02. **Holtzborn**, Heinrich Adam (Fuhrmann)
V: Holzborn, Hans Caspar
(Fuhrmann)

Lorentz, Margaretha Sophie
V: Lorentz, Johann Philipp +
(Grubensteiger)

24.02. **Otto**, Ernst Michael (Steiger)
V: Otto, Joh. Valentin +
(Obersteiger)

Drechsler, Regina Elisabeth
V: Drechsler, Johann Henrich
(Berggeschworener u.
Ratsverwandter
in Clausthal)

12.04. **Fischer**, Johann Georg (Eisensteins-Bergmann)
V: Fischer, Johann Andreas

(Bergmann)

Schlicken, Marie Margarethe
V: Schlicken, Johann Andreas
Conrad
(Bergmann)

12.04. **Kutscher**, Johann Michael
(Gefreiter unter d. Obristen von
Horn Leib-Kompagnie)
V: Kutscher, Joh. Georg +
(Bergmann)

Niebel, Margaretha Elisabeth
V: Niebel, Wolff Henrich +
(Bergschmied)

15.05. **Morig**, Zacharias Matthias (Bergmann)
V: Morig, Hans Georg +

(Bergmann)

Bierckefeld, Anne Catharina
V: Bierckefeld, Caspar
Christian +
(Bergmann)

31.05. **Biegemann**, Joh. Georg (Bergschmied)
V: Biegemann, Georg Zacharias

(Bergschmied)

Holtzberger, Johanna Sophie
V: Holtzberger, Johann
Heinrich +
(Reviergeschworener)

31.05. **Heidecke**, Joh. Michael (Ww.)
(Köhler in der Lauterberger Forst)

Harthung, Dorothee Elisabeth
V: Harthung , Johann Wilhelm
(Köhlermeister)

15.06. **Drute**, Johann Ernst (Bergmann)
V: Drute, Joh. Christian
(Bergmann)

Schlösser, Marie Dorothee
V: Schlösser, Johann Georg +
(Bergmann)

19.07.	**Wolff**, Christian (Mühlenknappe) V: Wolff, Joh. Friedrich + (Zimmermann in Göttingen)	**Kauffmann**, Anna Margaretha V: Kauffmann, Henrich Thomas (Untermüller-Meister)
21.07.	**Haberland**, Joh. Andreas (Ww.) (Eisenstein-Geschworner) oo im Hause	**Hartschel**, Sophia Margaretha V: Hartschel, Michael Dietrich + (Grubensteiger)
21.07.	**Meier**, Johann Christoph (Ww., Bergschmied)	**Lechten**, Anna Elisabeth V: Lechten, Henrich Christoph + (Bergmann)
25.08.	**Tränckner**, Johann Arnd (Bergmann) V: Tränckner, Christian (Bergmann)	**Minterlein**, Dorothea Sabina V: Minterlein, Christian (Bergmann)
15.09.	**Zimmer**, Henrich Andreas (Eisensteiner) V: Zimmer, Leopold Henrich + (Bergmann)	**Bierckefeld**, Clara Catharina C: Bierckefeld, Johann Christian (Bergmann)
28.09.	**Lücam/Lückam**, Joh. Andreas (Musketier unter Obristlieutenant Hattors Kompagnie) V: Lückam, Johann Michael + (Fleischer in Göttingen)	**Liebetraut**, Catharina Magdalene V: Liebetraut, Johann Andreas (Nagelschmied) "auf consens von seinem Herrn Obrist von Kielmannsegg diese beyden Personen haben vorher in Unzucht miteinander gelebt und ein Söhnl. gezeuget im Taufbuch 1744, Nr. 23"
06.10.	**Vintzen**, Johann Andreas (Förster u. Jäger in Scharzfeld) V: Vintzen, Georg (Hegereuter in Sachsa Weissenfeld im Thüringischen Amt Weißensee zu Frömmstedt) prokl. In Scharzfeld u. Frömmstedt auf Concession Consist. allhier im Primarinter Hause von unserm Herrn Collegen F.W. Hannibal d. 6. Okt. getraut worden	**Rohn**, Anna Theodora (älteste Tochter) V: Rohn, Johann Friedrich, (Pastor prim hiesiger Kirche) (Anm.: Pastor in St.A. 1739-1751 in St.A. + 21.01.1751)
27.10.	**Deichmann**, Joh. Thomas (Bergmann) V: Deichmann, Henrich Thomas + (Bergmann)	**Oppen**, Anna Margaretha V: Oppen, Hans Georg + (Bergmann)
03.11.	**Koch**, Johann Andreas (Ww., Bergmann)	**Schlegel**, Anna Magdalena Wwe. des Jungnicols, Johann Christoph (Bäcker)

07.11.	**Butler**, Johann Michael (Bergmann) V: Butler, Elias + (Bergmann)	**Flachen**, Johanna Maria V: Flachen, Heinrich Rudolph + (Schichtmeister in Zellerfeld)
15.11.	**Henze**, Heinrich Georg (Eisensteins-Bergmann) V: Henze, Conrad (Bergschmied)	**Steten**, Anna Elisabeth V: Steten, Heinrich Simon + (Bergmann)
23.11.	**Welner**, Cornelius Michael (Ww., Bergmann)	**Keidel**, Margaretha Elisabeth V: Keidel, Heinrich Georg + (Grubensteiger)
24.11.	**Gärig**, Christian Ludewig (Bergmann) V: Gärig, Andres Christoph (Bergmann)	**Grübel**, Dorothea Magdalena V: Grübel Hans Georg (Bergmann)
24.11.	**Kienholtz**, Joh. Christian (Ww., Bergmann)	**Feller**, Anne Christiane Wwe. des Tepper, Joh. Christoph (Bergmann)
01.12.	**Schlösser**, Joh. Henrich (Bergmann) V: Schlösser, Andres (Bergmann)	**Walther**, Catharina Sophia V: Walther, Johann Dieter (Bergmann)
30.12.	**Kauffmann**, Georg Christ. (Müller i. d. Werne) V: Kauffmann, Thomas Henrich (Müllermeister)	**Witten/Witte**, Clara Sophia Eleonora V: Witten, Peter Conrad (Förster in Hänigsen)

1747

12.01.	**Spengler**, Joh. Heinr. (Untersteiger in Lauterberg) V: Spengler, Joh. Georg + (Untersteiger)	**Cöler/Köhler**, Maria Magdalena Wwe. des Helwig, Johann Bernhard (Bergmann)
12.01.	**Engelhard**, Joh. Henrich (Köhler in Lonau) V: Engelhard, Frantz Andres (Köhlermeister in Lonau)	**Groscurd**, Catharina Elisabeth V: Groscurd, Joh. Christoph (Bergmann)
01.02.	**Humm**, Zacharias (Bergmann) V: Humm, Georg Valten (Bergmann)	**Bolte**, Maria Elisabeth V: Bolte, Carl + (Bergmann)
09.02.	**Haberland**, Joh. Christoph (Grubensteiger) V: Haberland, Joh. Christian + (Eisensteinsteiger)	**Dannenberger**, Catharina Elisabeth V: Dannenberger, Caspar (Obersteiger)

13.02.	**Sorger**, Johann Zacharias (Nachtpucher in Altenau) V: Sorger, Ernst Christian + (Bergmann in Altenau)	**Bähr**, Anna Margarethe V: Bähr, Henrich Andreas + (Kunstzimmermeister)
14.02.	**Friderichs**, Johann Daniel (Bergmann)	**Holland**, Catharina Margaretha Wwe. des Oertel, Andreas Christian (Bergmann)
04..04	**Schlamelcher**, Joh. Georg (Ww., Bergmann)	**Otten**, Dorothea Margaretha V: Otten, Johann Günther (Bergmann)
04.04.	**Wichmann**, Joh. Andreas (Drellmacher) V: Wichmann, Daniel + (Drellmacher in Einbeck)	**Ballauf**, Dorothea Elisabeth V: Ballauf, Gottfried + (Bergmann)
P.	**Wentzel**, Johann Heinrich oo 06.04. in Lauterberg V: Wentzel, Hans + (Bergmann in Lauterberg)	**Meier**, Anne Dorothee V: Meier, Andreas + (Ölmüller in Braunlage)
07.06.	**Höhne**, Johann Christian (Eisensteins-Bergmann) V: Höhne Elias Zacharias + (Drechsler u. Eisensteins-Bergmann)	**Röger**, Dorothea Elisabeth V: Röger, Johann Georg + (Fleischhauer)
15.06.	**Peschau**, Johann Andreas (Bergschmied) V: Peschau, Hans Georg + (Bergmann)	**Walther**, Anna Maria V: Walther, Jacob + (Bergmann)
20.06.	**Keidel**, Joh. Michael (Kauf- u. Handelsmann) V: Keidel, Wilhelm Christian + (Sattlermeister)	**Gleichmann**, Anna Maria V: Gleichmann, Johann Engelbert (Brauherr, Kirchenmann Hospital-Vormund)
22.06.	**Warnecke**, Joh. David (Obermüller-Meister) V: Warnecke, Johann Christoph + (Obermüller-Meister)	**Lücken**, Magdalena Elisabeth V: Lücken, Johann Zacharias (Braumeister)
22.06.	**Tepperwin**, Henrich Christoph (Ww., Fuhrknecht)	**Kauffmann**, Catharina Marie V: Kauffmann, Georg Hieronymy (Bergmann)
P.	**Bock**, Henr. Andr. (Victualienkramer in Clausthal) oo in Clausthal V: Bock, Joh. Rudolph (Gemeindeherr)	**Marquart**, Maria Dorothea V: Marquart, Anton Werner + (Victualienkramer in Clausthal)

P.   **Müller**, Joh. Christoph (Tischlermeister)   **Hänsch**, Johanna Catharina
        oo in Sieber   V: Hänsch, Johann August
        V: Müller, Daniel   (Kantor in Altenau)
        (Tischlermeister)

11.07. **Bock**, Johann Henrich (Victualienhändler)   **Bauer**, Catharina Elisabeth
        V: Bock, Joh. Rudolph   V: Bauer, Johann Christian +
        (Gemeindeherr)   (Wagner)

13.07. **Pfeiffer**, Sigmund   **Lechten**, Catahrina Margaretha
        (Grenadier-Zimmermann d. General-   V: Lechten, Christoph +
        Lieutenant de Sonbiron Regiment unter Kapitain   (Bergmann)
        von Dinglage Kompagnie)
        V: Pfeiffer, Henrich +
        (Drellmacher in Herzberg)

P.   **Kühnholtz**, Georg Lud. (Kauf- u. Handelsmann) **Barthels**, Juliana Charlotta
        oo 12.09. in Zellerfeld   V: Barthels, Andreas Leopold +
        V: Kühnhotz, Johann Henrich   (Kauf- u. Handelsmann
        (Victualienkramer)   in Zellerfeld)

P.   **Müller**, Joh. Henr. Rudolph (Kauf- u. Handelsmann) **Koch**, Johanna Sophia
                                                          Elisabeth
        oo 14.09. in Herzberg   V: Koch, Johann Caspar +
        V: Müller, Georg Henrich   (Kauf- u. Handelsmann
        (Kaufmann)   Braugewerke in Herzberg)

03.10. **Arnhard**, Johann Anton   **Pfeil**, Anna Catharina
        (Musketier unter Herzog zu Br.-Lüneb.   V: Pfeil, Anton +
        Truppen von des Obristen von Both Regiment   (Zimmermeister in Wieda)
        u.d. Hauptmann von Rotenburg Kompagnie)
        V: Arnhard, Johann Andreas +
        (Hufschmied in Zorge)

05.10. **Heberle**, Johann Andreas (Buchbinder)   **Reinholt**, Sophia Friderica
        V: Heberle, Henrich   V: Reinholt, Johann Nicol. +
        (Eisensteiner)   (Ratswirt in Sachsa)

05.10. **Köhler**, Zacharias (Holzhauer)   **Fischer**, Anna Elisabeth
        V: Köhler, Hans Henrich   V: Fischer, Hans Thomas
        (Tagelöhner in Elbingerode)   (Bergmann)

16.11. **Rahlffs**, Georg Philipp   **Gericke**, Catharina Maria
        (Corporal im General Lieutenant von   V: Jul. Andreas
        Böselage Regiment des Capitain von   (Bergmann)
        Kraußhaar Kompagnie)
        V: Rahlffs, Georg Henrich +
        (Grobschmied-Meister in Goslar)

P. **Karpen**, Christian Dieterich (Berg-Chirurgus)
oo in Braunschweig
V: Karpen, Johann Paul +
(Berg-Chirurgus)

Berndes, Johanna Christina
V: Berndes, Julius
(Kauf- u. Handelsmann
in Brauschweig)

07.12. **Kutscher**, Joh. Christian (Bergmann)
V: Kutscher, Joh. Christoph +
(Bergmann)

Öberhaack, Anna Eleonora
V: Öberhaack, Johann Hermann +
(Zimmermann)

27.12. **Kiene**, Henr. Nicolaus (Branntweinbrenner
in Herzberg)
V: Keine, Johann Caspar +
(Braumeister im Kloster Walkenried)

Lier, Dorothea Magdalena

V: Lier, Henrich Matthias
(Rats. Büttner)

1748

P. **Lein**, Andreas Ludewig (Puchsteiger in Hohegeiß)
oo in Clausthal
V: Lein, Johann Adam
(Steiger)

Leinich, Anna Christina
V: Leinich, Johann Michael
Bergmann in Clausthal

15.02. **Busch**, Joh. Christoph Friderich
(Gemeindediener in Blankenburg)
V: Busch, Andres +
(Leineweber in Aschersleben)

Scheidemann, Anne Lucie
Wwe. des Wendeborn, Christoph
(Bergmann)

27.02. **Baum**, Tobias Andreas (Ratswirt)
oo im Hause
V: Baum, Thomas +
(Kauf- u. Handelsmann)

Schumann, Christina Helena
V: Schumann, Johann Andreas +
(Kantor in Herzberg)

29.02. **Bercking**, August Christian
(Schreiber beim fürstl. Amt in Braunlage,
Schützenkrüger)
V: Bercking, Conrad Friderich
(Brauer, Kauf- u. Handelsmann
Provisorisan d. Jacobikirche in Goslar)

Schmidt, Dorothea Sophia
V: Schmidt, Johann Joachim
(Bergmann)

16.04. **Zäncker**, Johann Ludewig (Bergmann)
V: Zäncker, Joh. Thomas +
(Bergmann)

Lechten, Anna Dorothea
V: Lechten, Johann Caspar +
(Grubensteiger)

16.04. **Köhler**, Johann Christoph (Köhler)
V: Köhler, Johann Valentin +
(Köhlermeister)

Heinrich, Anna Sophia
V: Heinrich, Georg
(Bergmann)

P. **Welner**, Johann Ernst (Ww., Fuhrherr)
oo 06.05. in Braunlage

Schmoock, Anna Elisabeth
V: Schmoock, Joachim
(Hammerschmiedemeister
in Braunlage)

16.05.	**Kerrl**, Johann Salomo (Bergmann) V: Kerrl, Johann + (Bergmann)	**Janson**, Catharina Elisabeth V: Janson, Henrich Christian + (Bergmann)
21.05.	**Heberle**, Thomas Henrich (Ww., Eisensteiner)	**Prössel**, Anna Barbara Wwe. des Palm, Johann Michael (Viertelherr u. Steiger)
19.06.	**Hente**, Georg Andreas (Drell- und Leinewebermeister) V: Hente, Georg Friedrich + (Schreiber in Elbingerode)	**Becken/Beck**, Clara Eleonora des Siegbrand, Johann Matthias (Drell- u. Leinewebermeister)
18.07.	**Kirsch**, Georg Andreas (Bergmann) V: Kirsch, Henrich Matthias + (Bergmann)	**Münster**, Anna Margaretha V: Münster, Georg Caspar + (Bergmann)
08.08.	**Zimmer**, Henrich Christoph (Bergmann) V: Zimmer, Johann Andreas (Bergmann)	**Schalitz**, Anna Margaretha V: Schalitz, Johann Arnd Christoph + (Bäckermeister)
15.08.	**Madelung**, Georg Adam (Bergmann) V: Madelung, Georg Caspar + (Bergmann in Clausthal)	**Fischer**, Sophia Eleonora V: Fischer, Johann Ernst (Bergmann)
29.08.	**Schnur**, Johann Just (Ww., Bergschmied)	**Rosenbusch**, Dorothea Elisabeth V: Rosenbusch, Johann Georg (Puchsteiger)
03.10.	**Haberland**, Andreas Michael (Eisenstein-Bergmann) V: Haberland, Johann Christian + (Eisenstein-Steiger)	**Schachtrupp**, Anna Elisabeth V: Schachtrupp, Henrich Philipp
03.10.	**Gronau**, Joh. Just Gabriel (Puchsteiger) V: Gronau, Johann Henrich (Bergmann)	**Herberger**, Dorothea Catharina V: Herberger, Christian + (Bergmann)
03.10.	**Höhne**, Joh. Caspar Jordan (Bergmann) C: Höhne, Christoph + (Bergmann)	**Birckefeld**, Catharina Elisabeth V: Birckefeld, Zacharias + (Waldmann)
24.10.	**Bock**, Johann Caspar (Ww., Untersteiger)	**Fischer**, Margarethe Catharina V: Fischer, Johann Christian + (Eisensteiner)
19.11.	**Fricke**, Andreas Christoph (Fleischermeister) V: Fricke, Christoph (Gastwirt in Braunlage)	**Hucken**, Catharina Margaretha Wwe. des Rosenberger, Elias (Fleischermeister)

20.11.	**Grosch**, Georg Heinrich (Holzhauer) V: Grosch, Joh. Zacharias + (Bergmann)	**Stieglitz**, Dorothea Margaretha V: Stieglitz, Henrich Christian + (Bergmann)
20.11.	**Walther**, Georg Christoph (Bergmann) V: Walther, Georg Ludolph (Bergmann)	**Henckel**, Anna Catharina V: Henckel, Johann Georg (Bergmann)
21.11.	**Bähr**, Johann Bernhard (Zimmergeselle) V: Bähr, Peter Sebastian (Sägemüller auf der Herzbergischen Hütte)	**Hauck**, Clara Catharina V: Hauck, Thomas + (Bergmann)
28.11.	**Bergmann**, Joh. Michael (Schustermeister) V: Bergmann, Joh. Georg (Bergmann)	**Lücken**, Catharina Elisabeth V: Lücken, Johann Balthasar (Bergmann)

1749

07.01.	**Hoffmann**, Johann Georg (Ww., Bergmann)	**Giesecke**, Anne Elisabeth Wwe. des Hoppe, Ernst (Bergmann)
30.01.	**Moje**, Andreas Henrich (Schuster in Sieber) V: Moje, Andreas (Fuhrmann in Wernigerode)	**Koch**, Anna Christina V: Koch, Johann Henrich (Nagelschmied)
20.02.	**Tränckner**, Henrich Thomas (Ww., Bergmann)	**Friederichs**, Anna Barbara V: Friederichs, Just Andres + (Bergmann)
08.04.	**Wolther**, Henrich Ernst (Bergmann) V: Wolther, Georg Caspar +	**Jäckel**, Anna Eleonore Maria V: Jäckel, Pauren ? + (Bergmann)
08.04.	**Öberhaacke**, Joh. Martin (Ww, (Bergmann)	**Liebetraut**, Maria Elisabeth V: Liebetraut, Johann Andreas + (Nagelschmied)
11.04.	**Stete**, Johann Andreas (Bergmann) V: Stete, Hans Simon + (Bergmann)	**Meier**, Margaretha Elisabeth V: Meier, Johann Daniel (Schneider in Barbis u. Kirchenjurater)
30.04.	**Polsstorff**, Johann Christoph (Bergmann) V: Polsstorff, Johann Georg (Bergmann)	**Schubbert,** Dorothea Elisabeth V: Schubbert, Hans Michel + (Bergmann)
01.05.	**Rosenbusch**, Georg Christian (Puchsteiger) V: Rosenbusch, Joh. Georg (Puchsteiger)	**Obenauff**, Anna Maria V: Obenauff, Johann Caspar (Bergmann)

07.05.	**Werner**, Leopold (Tagelöhner) V: Werner, Daniel + (Bergmann in Zellerfeld)	**Sanders**, Dorothea Catharina V: Sanders Johann Henrich + (Bergmann) Diese beiden Personen haben schon vorher eine zeitlang in fleischl. Unzucht miteinander gelebt und ein Kind gezeuget.
27.05.	**Kohlmann**, Johann Peter (Hüttenmann) V: Kohlmann, Joh. Friderich Just (Silberschmelzer)	**Kluge**, Anna Elisabeth V: Kluge, Johann Georg + (Bergmann)
P.	**Schomborg**, Joh. Christoph (Ww., Bäckermeister) oo. 22.07. in Zellerfeld	**Mahn**, Ilsa Magdalena Wwe. des Werner, Johann Andreas (Bäcker in Braunschweig)
20.08.	**Köhler**, Johann Henrich (Ww., Schneidermeister)	**Krausen**, Maria Sophia Wwe des Dantz, Johann Henrich (Fenstermacher)
18.11.	**Kutscher**, Johann Caspar (Bergmann) V: Kutscher, Henrich Andres + (Bergmann)	**Mast**, Anna Elisabeth V: Mast, Lorentz + (Bergmann in Zorge)
26.11.	**Wolther**, Henrich Georg (Korntreiber) V: Wolther, Joh. Andreas + (Bergmann)	**Grübel**, Catharina Elisabeth V: Grübel, Hans Georg (Bergmann) Sie haben vorher sich fleischl. miteinander vermischet.
02.12.	**Müller**, Nicolaus (Galanterie-Kramer) oo im Haus	**Baum**, Anna Dorothea

<u>1750</u>

08.01.	**Humm**, Heinrich Ernst (Bergmann) V: Humm, Christian + (Bergmann)	**Helwig**, Catharina Margaretha V: Helwig, Nicolaus (Zimmermann)
P.	**Haberland**, Michael (Ww.) (Berggeschworener und Gemeindevorsteher) oo 15.01. Zellerfeld	**Elster**, Maria Elisabeth V: Elster, Johann Otto + (Puchschreiber, Berghandlungs-Faktor Ratsverwandter in Zellerfeld)
20.01.	**Henze**, Christian Bartold (Eisensteins-Bergmann) V: Henze Conrad (Bergschmied)	**Strubel**, Engel Regina V: Strubel, Georg Bernhard + (Holzhaue

20.01. **Köhler**, Johann Friederich (Eisensteins-Bergmann) **Henze**, Dorothea Margaretha
V: Köhler, Joh.Valten   V: Henze, Conrad
(Köhlermeister)   (Bergschmied)
Die Braut wurde zum erstemal als Jgfr. Auffgeboten, den
Montag darauff Abends kam ein großer Schwarm Mädels
vor mein Haus, protestierten wieder den Jungfrauen-Titel
u. droheten, wofern sie mit dem Krantz in die Kirch köme,
sie unterwegs ihr den abreißen wollten, weil sie vor öffentl.
Gericht sich zu einer Hure gemacht, da sie wieder einen
gewißen Mühlenburschen eine Klage geführet, daß der-
selbe sie geschwängert, sie auch abortum fingiret u. die
Kindsfrau als Zeuge dazu holen lassen. Die Mädels sind
wegen des gemachten Aufflauffs u. weil sie Geld unter sich
cottigirt zu Auslösung des dieserwegen geführten
Protocolls mit Gefängniß bestrafft worden. Inzwischen
wurde bey der andern Proclam. der Jungffern Titel hinweg-
gelassen u mußte sie bey der Trauung ohne Krantz
erscheinen.

P.   **Breitenbach**, Ernst Michael (Bergm. in Hohegeiß) **Fischer**, Marie Christiane
oo in Hohegeiß   V: Fischer, Johann Heinrich +
V: Breitenbach, Georg Jacob   (Bergmann in Hohegeiß)
(Bergschmied)

12.02. **Jungnicol**, Johann Caspar (Ww., Bergmann) **Köhler**, Maria Magdalena
Wwe. des Banse/n, Andreas
(Bergmann)

16.04. **Wigand**, Georg Ernst (Bergmann)   **Hartzig**, Magdalena Elisabeth
V: Wigand, Tobias +   V: Hartzig, Christian +
Bergmann   Bergmann

21.04. **Opp**, Johann Michael (Bergmann)   **Kruschwitz**, Anna Margaretha
V: Opp, Hans Georg +   Wwe. des Güntherr, Johann
Georg
(Bergmann)   (Steiger)

06.05. **Wauen**, Hans Barthold (Bergmann)   **Heinecken**, Catharina Elisabeth
V: Wauen, Hans Caspar +   V: Heinecken, Hans Thomas +
(Bergmann)   (Bergmann)

25,06. **Löffler**, Georg (Ww., Ratsverwandter) **Horre**, Emerentia Maria
oo im Haus   Wwe. des Baum, Johann Henrich
(Kaufmann)

21.07. **Tränckner**, Henrich Christoph (Bergmann) **Krause/n**, Maria Margaretha
V: Tränckner, Henrich Thomas   V: Krausen, Johann +
(Bergmann)   (Büttner in Wernigerode)

13.08. **Zwinckmann**, Andreas Heinrich (Bergmann) **Bergmann**, Anne Margaretha
V: Zwinckmann, Joh. Christoph +   V: Bergmann, Johann Michael +
(Bergmann)   (Bergmann)

01.09.	**Gödicke**, Heinrich Caspar (Zimmermann) V: Gödicke, Nicolaus + (Bergmann)	**Bähren**, Margaretha Elisabeth V: Bähren, Henrich Andreas + (Kunstzimmermeister)
15,09,	**Frohne**, Johann Jacob (Prediger in Buhle in der Grafschaft Hohnstein) oo im Haus V: Frohne, Johann Christian + (Doctoris med. u. Stadt-Physici in Eschwege)	**Müller**, Maria Friederica Tüllmannm, Henrich Rudolph (Hüttenherr in Lonau)
15.09.	**Herberger**, Thomas (Ww., Bergmann)	**Fuchsen/Fuchs**, Anna Elisabeth V: Fuchsen/Fuchs, Johann Andreas + (Bergmann)
07.10. +	**Jahn**, Johann Matthias (Ww., Bergmann)	**Wedler**, Catharina Elisabeth V: Wedler, Johann Henrich Ernst (Bergmann)
29.10.	**Bergmann**, Gottlieb (Ww., Bergmann)	**Obenauff**, Maria Magdalena V: Obenauff, Hans Caspar (Bergmann)
30.11.	**Volck**, Miachel Zacharias (Nagelschmied) V: Volck, Conrad + (Tagelöhner)	**Wentzel**, Catharina Magdalena V: Wentzel, Johann Andreas + (Rinderhirte)
02.12.	**Walther**, Heinrich Jacob (Bergschmied) V: Walther, Andres + (Bergschmied)	**Werner**, Anne Elisabeth Werner, Johann Valentin (Fuhrmann in Buntenbock)
03.12.	**Bergmann**, Johann Georg (Bergmann) Johann Christoph + (Bergmann)	**Otten**, Dorothea Magdalena V: Otten, Johann Georg (Bergmann)
P.	**Schier**, Caspar Christoph (Schneider) oo 01.12. in Goslar V: Schier, Joh. Salomo + (Steiger)	**Brandmüller**, Anne Elisabeth V: Brandmüller, Andres (Schuhmachermeister in Goslar)

Weil in letzterer Kirchenvisitation abermal erinnert worden, daß
die Kirchen Bücher nicht im schmalen Format sondern in breitem
Folio sollen geführet werden, so nimmt denn auch daß Copulations-
Register, so 1730 angefangen und bißher fortgeführet worden hiermit
sein Ende.

St. Andreasberg

Obenauff	24,36,42,79,122,142,145	Poppen	69
Öberhaack	140	Pörtzel	21
Öberhaacke	142	Pothe	92
Oberhagen	77,100,	Preis	73,127
Oberländer	112	Preiß	4,6,29,78,81,82
Obertieffer	62	Preoß	88
Oertel	120	Preus	110
Opp	144	Preuß	43,45,57,75,76
Oppe	29	Preuss	113
Oppen	100,136	Preuße	130
Örtel	6,63	Prössel	8,18,19,20,24,40,53,68,
Örtell	86	Prössel	80,108,141
Ortmann	74,77	Prößel	48,78,121
Otte	3,5,8.10,13,20,21,27,44,	Prößell	70,87
Otte	45,59,71,83,	Prössell	100,106
Otten	2,61,87,116,117,124,	Prösseln/Prössel	118
Otten	138,145	Pühler	52
Ottmann	7	Püschelmeier	49
Otto	68,71,109,123,135	Püsterhasuen	54
Pabst	30,61,80,85,120,	Putscher	59
Pallm	87,106	Raboden	32
Palm	41,49,56,69,75	Rahlffs	139
Panse	91,94	Rancke	81
Parts	57	Rasmann	15
Pauls	47	Räte	9
Peine	84	Rath	38
Peller	82	Rathmann	101
Peschau	68,83,85,117,122,133,	Raue	20
Peschau	138	Rausch	128
Peters	22,27,31,100,	Rauschert	40
Petzel	79	Rautenbusch	38
Pezold	111	Rautenstrauch	121,126
Pfaff	48,133	Rebentisch	133
Pfaffe	59	Reder	89
Pfaffen	126	Reecken	71
Pfannenschmidt	13,40,63,96	Reger	6,74,123
Pfannenschmied	109	Rehms	76
Pfeiffer	10,19,23,25,36,42,52,	Reichard	38,47,126
Pfeiffer	76,85,93,126,134,139	Reichardt	32
Pfeil	120,139	Reichart	47,88
Pfingsten	66	Reichartt	108
Pflügell	68	Reichert	29
Pflümer	3,8	Reicholt	82
Pollenweg	80	Reinecke	129
Polsdorf	78	Reinhausen	18,35
Polsstorff	142	Reinholt	139
Polstorff	25,29,31,40,41,45,54,	Reis	92,100,108,129
Polstorff	56,69	Reiß	10,60,79,81
Polstorffer	2,6,7,12,14	Reiten	29

Register der Namen